Zabert Sandmann GmbH
München
1. Auflage 1993
ISBN 3-924678-42-1

Fotografie: Foodbildagentur Eising AG

Graphische Konzeption: Reinhard Neuß

Konzeptionelle Mitarbeit: Pete A. Eising

Redaktion: Angelika Schlenk
Christina Kempe

Graphische Gestaltung: Georg Feigl

Umschlaggestaltung: Zero, München

Lithografie: Kruse Reproduktionen, Vreden

Druck/Bindung: Mohndruck, Gütersloh

GEFLÜGEL

Die neue große Schule

Texte und Rezepte von
Monika Kellermann

Fotografiert
von Susi und Pete A. Eising

ZABERT
SANDMANN
VERLAG

Inhalt

GEFLÜGEL – WIE AUS DEM SCHLARAFFEN-LAND

In früheren Zeiten war Geflügel nur auf der Sonntagstafel zu finden, Ente, Pute oder gar Gans waren wenigen Festtagen im Jahr vorbehalten. Das Geflügel kam aus dem eigenen Stall oder stammte aus bäuerlicher Aufzucht. Es wurde gefüllt und im Ofen gebraten, mit Gemüse geschmort oder kam als Ragout auf den Tisch. Ein besonderer Luxus waren die Stubenküken, die im Winter unter der Ofenbank gezogen wurden.

Ganz anders heute: Das ganze Jahr über warten überall Grillhähnchen auf hungrige Esser, und Frischgeflügel, von der Wachtel bis zum ausgewachsenen Puter, von der Taube bis zur Flugente, wird auf allen Märkten angeboten, ja selbst Fasan und Perlhuhn sind keine seltenen Delikatessen mehr. Die Qual der Wahl ist groß, und da es heute auch Geflügelteile einzeln zu kaufen gibt, ist ein sanft und aromatisch geschmorter »Coq au vin«, mit Champignons und Zwiebeln in Rotwein gegart, auch für den kleinen Haushalt kein Problem. Nicht zu vergessen all die raffinierten Rezepte, die uns die asiatische Küche gebracht hat. Schnelles Braten im Wok mit frischem Gemüse und würzigen Saucen bereichert die Geflügelküche.

Aber – und damit sind wir wieder beim Schlaraffenland – es sollen auch Backofen und Grill nicht vergessen werden, damit die Freunde der knusprigen Krusten auf ihre Kosten kommen!

VOM EINKAUF ZUM GENUSS

Geflügel läßt sich überaus vielseitig zubereiten: als frische Vorspeise, auf Salaten angerichtet, in einer goldgelben Brühe serviert, geschnetzelt oder in Stücken geschmort bis hin zur Martinsgans für eine große Tafelrunde. Aber am Anfang steht der Einkauf, und da sollte man die Augen offenhalten. Ob Hähnchen oder Bauerngans, ob Teil oder Ganzes, die ausführliche Warenkunde in diesem Buch hilft Ihnen weiter und zeigt, wie Sie Qualität erkennen.

Geflügel muß – entweder vor der Zubereitung oder nach dem Braten bei Tisch – zerteilt werden. Im Kapitel Warenkunde lernen Sie, wie Sie Geflügel in Portionsstücke zerlegen oder eine große Gans tranchieren. Und wie Sie, ehe Sie einen Braten dem Ofen oder Grill überlassen, Schenkel und Flügel in Form bringen, damit alles gleichmäßig gar wird und einladend angerichtet werden kann.

Alle Grundrezepte werden ausführlich und in Schritt-für-Schritt-Fotos so genau beschrieben, daß auch bei einer gebratenen Bauerngans mit Apfel-Kräuter-Füllung nichts schief gehen kann. Sie erfahren, wie Hähnchenbrustfilets raffiniert gefüllt und mit Knusperkruste in der Pfanne gebraten werden, wie Amerikaner ihren Christmas Turkey genießen und was beim klassischen Canard à l'orange beachtet werden sollte. So gelingt alles perfekt, und die vielen Varianten zeigen in Kurzform eine Fülle von Möglichkeiten, die Grundzubereitungen abzuwandeln. Tips und Tricks helfen auch weniger Erfahrenen dabei, ihren persönlichen Stil zu entwickeln und mit Phantasie und Freude neue Rezepte auszuprobieren.

Warenkunde und Küchentechnik

Ein Überblick über die große Familie des Geflügels: Was Sie beim Einkauf beachten sollten und wie Geflügel am besten vor- und zubereitet wird.

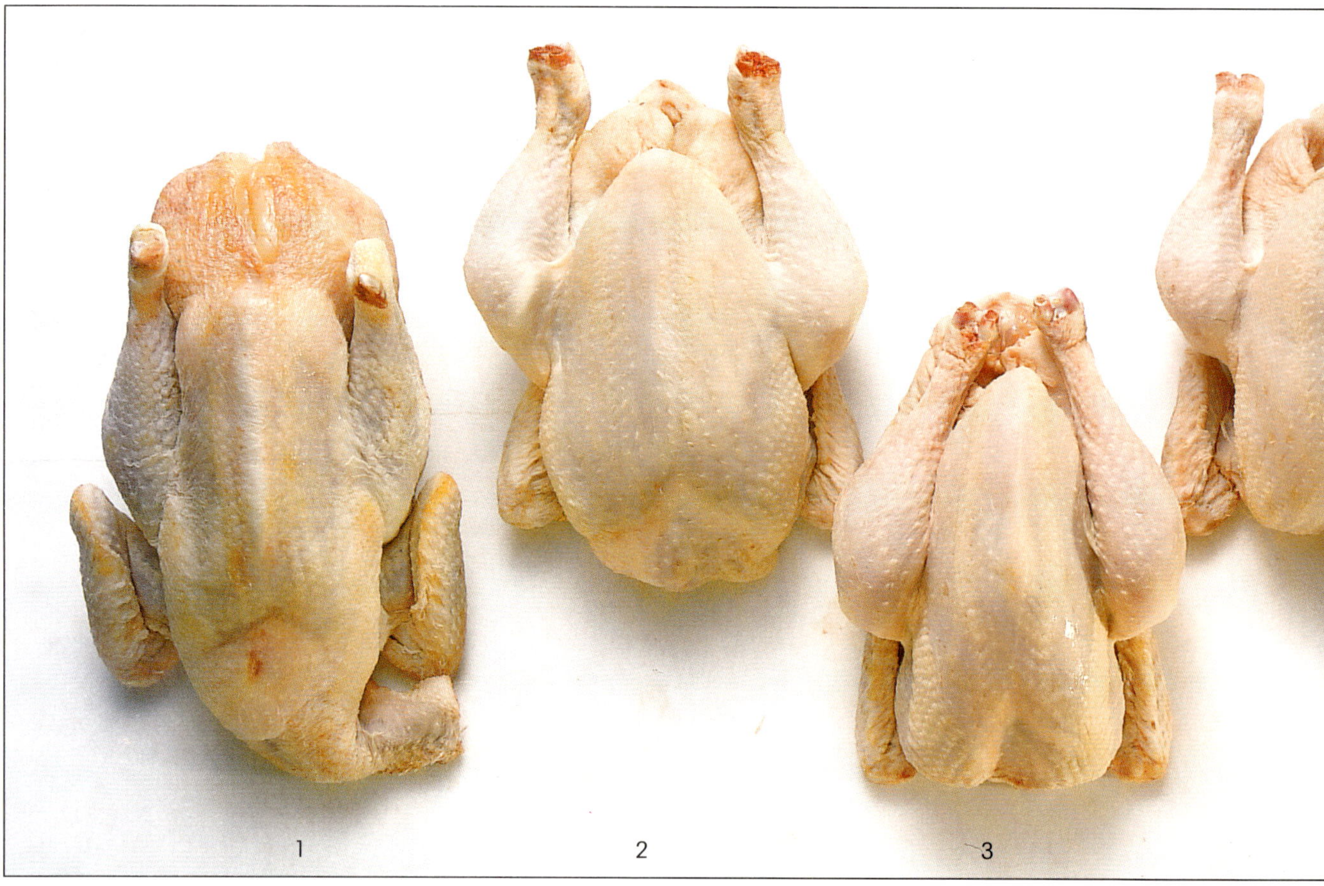

HÄHNCHEN, HUHN UND CO.

Das beliebteste Geflügel ist nach wie vor das Hähnchen, in manchen Regionen besser unter der Bezeichnung »Broiler« bekannt. Obwohl sich alles Geflügel auf dieser Seite ziemlich ähnlich sieht – es unterscheidet sich dennoch deutlich voneinander. Eine große Rolle spielt dabei die Mast, das Gewicht und das Alter. Das Geschlecht ist nur in Ausnahmefällen von Bedeutung, da Tiere, die ausschließlich zur Fleischgewinnung gezüchtet werden, vor ihrer Geschlechtsreife geschlachtet werden.
Dank des zunehmenden Ernährungsbewußtseins hat sich die Aufzucht bei Masthähnchen in den letzten Jahren erheblich verbessert. Industriell gezüchtetes Geflügel wird bei uns nun möglichst naturnah in sogenannten »Offenställen« gemästet. Um eine ausreichende Versorgung mit Mineralstoffen und Vitaminen zu gewährleisten, wird großer Wert auf die Zusammensetzung der Futtermischung gelegt. Eine amtstierärztliche Überwachung während der gesamten Mastzeit und der Schlachtung ist für alle im Handel erhältlichen Arten der Hähnchenfamilie gesetzlich vorgeschrieben. Der Hauptanteil aller in Deutschland verzehrten Hähnchen ist einheimischer Herkunft, den Rest beziehen wir aus Frankreich und Holland.

1. Suppenhuhn
Nach 12 bis 15 Legemonaten haben die meisten Hühner ihre Pflicht als Eierlieferanten erfüllt. Von nun an heißen sie nicht mehr Legehennen, sondern Suppenhühner. Kochfertig vorbereitet wiegen sie zwischen 1,2 und 2,5 kg. Das Fleisch ist zwar nicht mehr so zart wie beim Hähnchen, es hat aber einen ausgeprägten Eigengeschmack und ist ideal zur Herstellung köstlicher Hühnerbrühen. Das gekochte Fleisch wird zu Frikassees, Ragouts oder Salaten weiterverarbeitet. Durch Druck auf den Brustkorb läßt sich das ungefähre Alter von Hühnern feststellen: Während Hähnchen und die anderen jungen Artgenossen ein biegsames Brustbein haben, ist es bei Suppenhühnern verknöchert.

2. Kapaun
Schon die alten Griechen und später die Römer haben Hähne kastriert. Zum einen weil ihnen das aromatische Fleisch vorzüglich schmeckte, zum anderen weil die Tiere zweimal so groß wurden als »normale« Hähne. Lange in Vergessenheit geraten, entdeckt man sie allmählich wieder. Wer jemals das köstliche Fleisch probiert hat, wird begeistert sein. Bis zu 3 kg kann ein kastrierter Junghahn (Kapaun) schwer werden. Da er vor der Geschlechtsreife kastriert wird, ist das Fleisch dieser Masthähne besonders saftig und wohlschmeckend. Vereinzelt werden sie heute schon in Mastbetrieben gezüchtet. Die Mastdauer beträgt etwa 7 bis 8 Monate. Der Marktanteil ist bislang noch unbedeutend und der Preis ziemlich hoch.

5

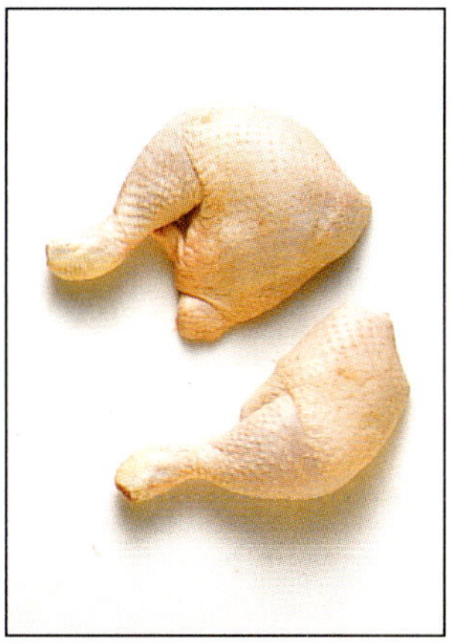

6 a

6 b

6 c

6 d

6 e

6 f

3. Poulet de Bresse
Die Franzosen sind Europas größte Geflügelverbraucher und -erzeuger. Französische Hausfrauen kennen sich aus, wenn es um die Geflügelqualität geht. Nur das beste Federvieh hat eine Chance für den Kochtopf.
In der Region »Bresse« legt man seit jeher großes Augenmerk auf die Geflügelzucht. Dazu gehört unter anderem, daß die freilaufenden Tiere ausschließlich hochwertiges Naturfutter erhalten. Die Züchter benötigen eine Lizenz und werden streng kontrolliert.
Das »Poulet de Bresse« (Bresse-Huhn) ist eine echtes Spitzenprodukt. Man erkennt es am blau-weiß-roten Gütesiegel. Der Preis für diese goldgelben, fleischigen Spitzen-Masthähnchen ist sehr hoch. Bresse-Hühner gibt es nur in gut geführten Geflügel-Fachgeschäften.

4. Hähnchen und Poularde
Die offizielle Bezeichnung »Hähnchen« steht für alle Masthähnchen (weiblichen oder männlichen Geschlechts) mit einem Gewicht ab 800 g. Die Tiere werden maximal 5 bis 6 Wochen alt. Hähnchen mit einem Gewicht von über 1,2 kg hießen bisher **Poularde.** Nach den neuen EG-Vermarktungsnormen gibt es seit 1992 diesen Begriff nicht mehr. Da man immer noch nach einer neuen Bezeichnung sucht, erkennt man derzeit die fleischreicheren Hähnchen lediglich an der Gewichtsangabe.
Hähnchen werden unterteilt nach Handelsklassen A und B. Sie werden frisch, gefroren oder tiefgekühlt angeboten.

5. Stubenküken
Nach der neuesten EG-Verordnung heißen die kleinsten aller Hähnchen mit einem Gewicht unter 750 g (ohne Kopf und Innereien) Stubenküken. Früher wurden die jungen Küken in 3 bis 5 Wochen wohlbehütet in der warmen Stube aufgezogen, vorwiegend im norddeutschen Raum. Im Frühling und bevorzugt an Ostern kamen dann die zarten etwa 400 bis 500 g schweren Leckerbissen auf den Tisch. Noch heute ist die Bezeichnung »Hamburger Stubenküken« für viele ein Begriff. Mittlerweile ist die Aufzucht nicht mehr so familiär. In Mastbetrieben werden die jungen Küken innerhalb von 4 bis 5 Wochen mit Milch großgezogen. Der Marktanteil ist sehr gering; man bekommt die zarten Hähnchen fast nur in guten Fachgeschäften.

6. Hähnchen-Teilstücke
Da die Haushalte ständig kleiner werden, sind zerteilte Hähnchen immer mehr gefragt. Folgende Hähnchen-Teilstücke sind derzeit frisch und tiefgekühlt auf dem Markt:
6 a Hähnchenschenkel mit und ohne Rückenstück
6 b Hähnchenober- und -unterschenkel
6 c Hähnchenbrust und -brustfilet
6 d Hähnchenflügel mit und ohne Rückenstück
6 e Hähnchenhälften und Hähnchenviertel (vordere und hintere)
6 f Hähncheninnereien (getrennt in Leber, Herz und Magen)
6 g Hühnerklein (Hals, Flügel), ohne Abbildung.

PUTE / TRUTHAHN

Die Schwergewichtler unter den Hausgeflügelarten sind Puten, auch Truthähne genannt. Im 16. Jahrhundert brachten die Spanier diese Vogelart aus Südamerika nach Europa. Lange Zeit war der im Ganzen gebratene Vogel lediglich Privilegierten als Festtagsbraten vorbehalten. In England ist der gefüllte gebratene Puter noch immer der traditionelle Höhepunkt des Christmas-Dinners, und in Amerika darf Putenbraten am Thanksgiving Day (Erntedankfest) auf keinen Fall fehlen.
Die Mast einheimischer Truthähne erfolgt in bäuerlichen Familienbetrieben. Die Küken werden gleich nach dem Ausschlüpfen nach dem Geschlecht getrennt. In offenen Ställen werden dann die Puten in Bodenhaltung auf Stroh aufgezogen.

1. Baby-Pute
Die jungen Tiere sind nach einer Mastzeit von ungefähr 3 Monaten schlachtreif. Sie bringen dann, küchenfertig vorbereitet, zwischen 2 und 3 kg auf die Waage. Das Fleisch ist besonders zart und das Brustbein noch biegsam. Baby-Puten gibt es vor allem zur Weihnachtszeit.

2. Puten
Die Mastdauer der fleischreichen Puten ist in Europa nicht einheitlich. In Deutschland beträgt sie bei Hennen 4 Monate, sie sind dann etwa 8 bis 10 kg schwer. Truthähne benötigen ein knappes halbes Jahr, um ein Schlachtgewicht bis 18 kg zu erreichen. Eine große Rolle für die Fleischqualität spielt die Zusammensetzung des Futters, die Art der Schlachtung und das beim Kühlen angewandte Trockenverfahren.

Folgende Teilstücke sind zur Zeit überwiegend als Frischware auf dem Markt:

2 a Oberkeule
• kräftiges, aromatisches, rötliches Fleisch mit Haut und Knochen
• geeignet zum Schmoren, Braten, Grillen

2 b Unterkeule
• kräftiges, aromareiches, rötliches Fleisch, teilentsehnt mit Haut und Knochen
• geeignet zum Grillen und Braten

2 c ganze Keule
(bestehend aus Ober- und Unterkeule)
• kräftiges, aromareiches, rötliches Fleisch mit Haut und Knochen
• geeignet als Bratstück oder zum Schmoren

2 d Grillflügel
• von Knochen und Haut befreiter Mittelflügel mit hellem muskulösem Fleisch
• geeignet zum Braten und Schmoren, aber auch zum Füllen

2 e,f Oberflügel und zweiteiliger Flügel
• weißes, muskulöses Flügelfleisch mit Haut und Knochen
• geeignet zum Dünsten, Schmoren, für Ragouts oder zum Grillen

2 g Putenbrust
• weißes, zartes Muskelfleisch ohne Haut und Knochen
• geeignet als Putenschnitzel, Bratenstück oder Geschnetzeltes

2 h Putenfilet
• das zarteste Fleisch der Pute ohne Haut und Knochen
• geeignet zum Kurzbraten oder für Fondues.

1

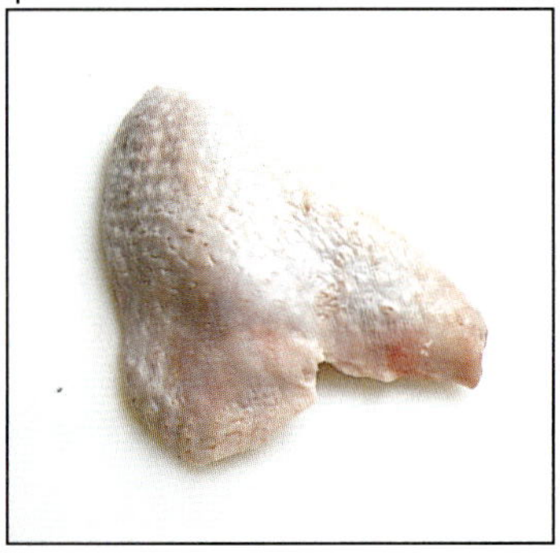
2a

2b

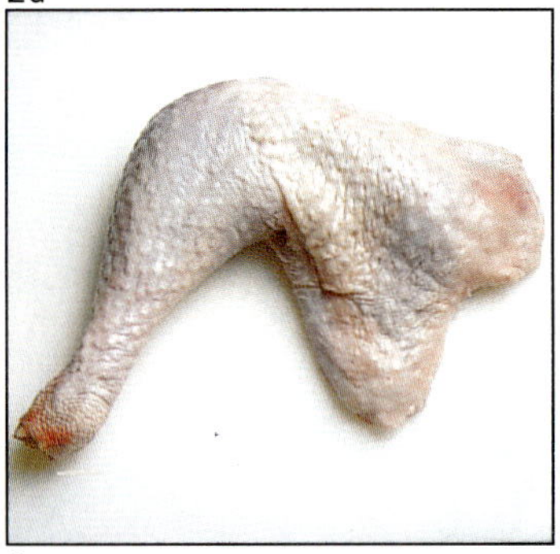
2c

2d, e, f

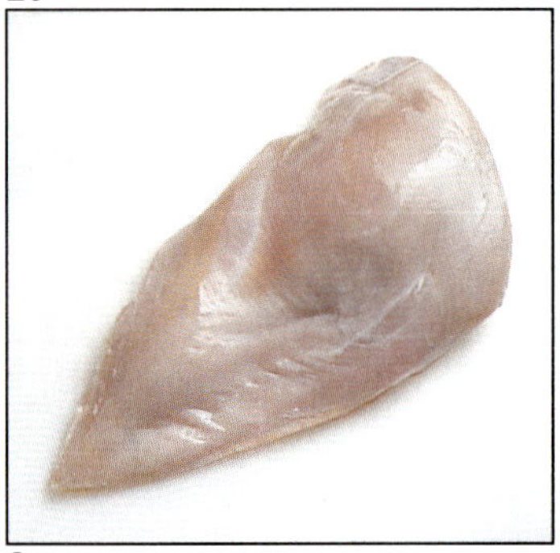
2g

2h

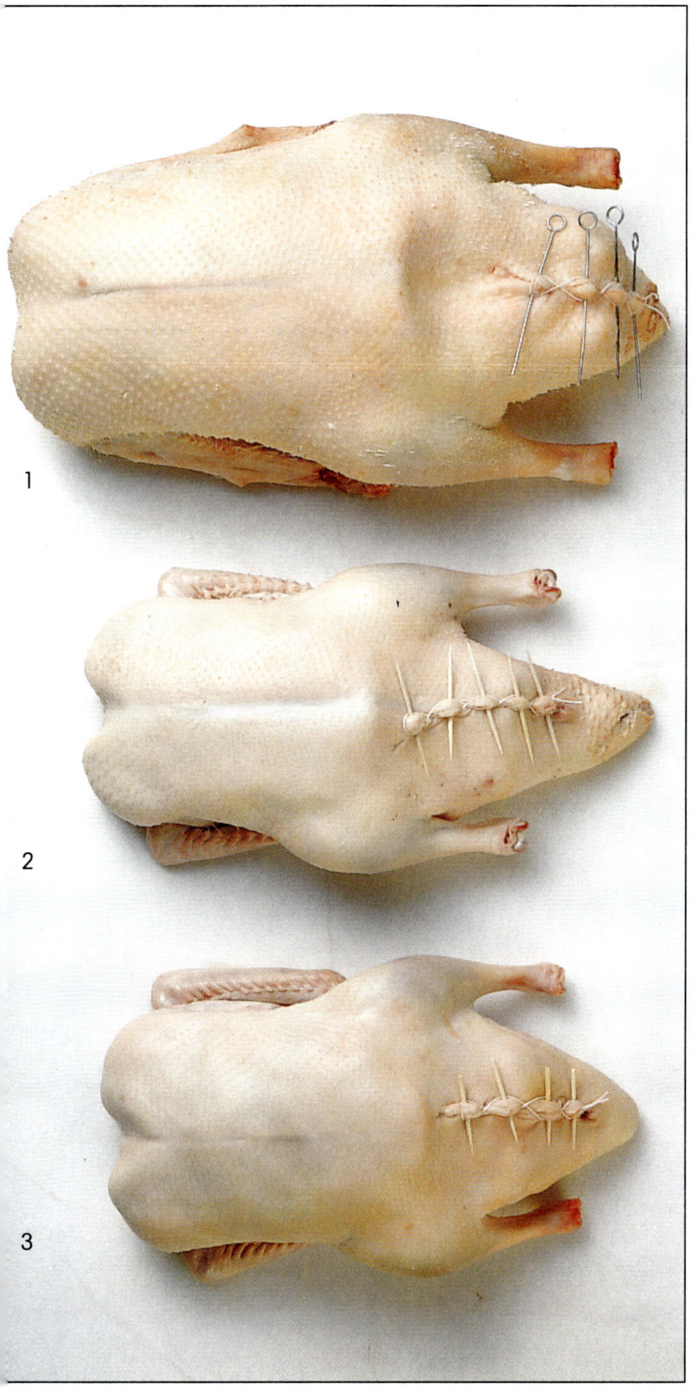

1

2

3

5

ENTEN UND GÄNSE

Zwei Ententypen bestimmen derzeit den Markt: die Pekingente und die Moschus- bzw. Warzenente. Beide werden überwiegend als Jungtiere angeboten.
Während es Enten mittlerweile das ganze Jahr hindurch gibt, bekommt man schöne vollfleischige Gänse meist erst ab dem Spätherbst. Traditionell beginnt die Gänsesaison am Martinstag (11. November) und am Weihnachtstag ist der Gänsebraten krönender Höhepunkt des Festmenüs.

1. Gans
Es gibt **Frühmastgänse**, die nach etwa 10 Wochen mit einem Bratgewicht von 2 bis 3 kg geschlachtet werden. In der kurzen Zeit können die Tiere allerdings nur wenig Fleisch ansetzen, Knochen- und Fettanteile überwiegen. Mehr hat man von **Jungen Gänsen**, die bratfertig 4,5 bis 5 kg wiegen und fleischreicher sind. Einheimische Gänse laufen frei auf den Weiden herum und werden meist nur kurz vor dem Schlachten gemästet. Frisch gibt es sie von Oktober bis Januar. Ein großer Teil der Gänse, besonders die Tiefkühlware, wird aus Polen oder Ungarn eingeführt.

2. Moschus- oder Warzenente
Fälschlicherweise wird diese aus Südamerika kommende, eigenständige Entengattung bei uns als **Flugente** oder **Barberie-Ente** gehandelt. Zoologisch gesehen ist die Moschusente eine Mischung aus Ente und Gans. Die echte Flugente (richtige Bezeichnung: Hochflugbrutente) ist im Handel nicht zu finden.
Die »falschen« Flugenten sind fleischreicher und nicht so fett wie Pekingenten. Die Mastzeit beträgt ca. 8 bis 10 Wochen. Schlachtsaison ist im Frühsommer und Spätherbst. Weibliche Tiere bringen dann ca. 1,5 kg, männliche 2,5 bis 3 kg auf die Waage.
»Barberie-Ente« ist die französische Bezeichnung von Moschusente. Die Züchter verkaufen die Enten bratfertig oder als Küken zur Aufzucht. Auch einige deutsche Mastbetriebe beziehen ihre Entenküken von dort, die sie dann unter der Bezeichnung »Barberie-Ente« verkaufen dürfen.

3. Pekingente
Die Rasse kommt, wie der Name schon verrät, aus China, sie wird aber derzeit weltweit gezüchtet. In Deutschland ist diese Entengattung marktführend. Pekingenten sind gute Futterverwerter, sie haben schon nach etwa 7 bis 8 Wochen ein Bratgewicht von 1,8 bis 2,4 kg erreicht. Diese schnelle Mast hat den Nachteil, daß der Fettanteil im Vergleich zum Fleischanteil sehr hoch ist.
Die freilaufenden **Bauernenten,** ein Großteil davon sind Pekingenten, ereichen nach etwa 3 bis 4 Monaten ein Schlachtgewicht von 2,5 bis 3,5 kg (bratfertig).

Da die Haushalte immer kleiner werden, bietet der Handel verstärkt Teilstücke von Gänsen und Enten an:

4. Gänse- oder Entenbrust
mit oder ohne Knochen
- geeignet zum Braten oder Grillen

5. Gänse- oder Entenkeulen
- geeignet zum Braten, Schmoren und für Eintöpfe.

WILDGEFLÜGEL

Seit immer mehr Gourmets entdecken, wie köstlich aromatisch das kalorienarme Fleisch von Wildgeflügel schmeckt, reicht das natürliche Angebot aus Wald und Flur nicht mehr aus. Deshalb züchtet man die meisten Arten heute in Freigehegen. Immer seltener werden wildlebende Rebhühner, und völlig unter Naturschutz stehen Wachteln und Perlhühner, die es deshalb nur noch gezüchtet zu kaufen gibt.

1. Fasan
Wohl der bekannteste Vertreter von Wildgefllügel ist der Fasan, den es relativ häufig noch in freier Wildbahn gibt. Dennoch kommt der überwiegende Teil aus Freiluftgehegen, Volièren genannt. Es ist verständlich, daß die mit Kraftfutter gemästeten Vögel bei weitem nicht so aromatisch schmecken wie wildlebende Fasane. Ob wild oder zahm – am feinsten sind natürlich junge Tiere. Das Alter erkennt man am leichtesten an den Ständern (Beinen): Hähne haben an den Beinen einen Sporn, der bei jungen Tieren stumpf und kegelförmig, bei alten Fasanen lang und spitz ist. Die Hennen hingegen haben anstelle des Sporns eine Warze, die sich bei alten Tieren spornartig verlängert. Außerdem haben junge Fasane ein biegsames Brustbein. Fasane gibt es gezüchtet ganzjährig am Markt. Bratfertig wiegen sie 700 bis 900 g. Jagdzeit: von Oktober bis Ende Dezember.

2. Gezüchtetes Rebhuhn
Die meisten im Handel befindlichen Rebhühner werden in Freiluftgehegen gezüchtet. Das Fleisch hat einen feinen Wildgeschmack, der jedoch nicht so intensiv ist wie bei Rebhühnern aus freier Wildbahn. Die gezüchteten Rebhühner wiegen bratfertig etwa 250 bis 300 g und haben immer ein biegsames Brustbein. Sie sind ganzjährig im Handel erhältlich.

3. Wildlebendes Rebhuhn
Da es immer weniger Sträucher und Hecken gibt, sind die wohlschmeckenden wilden Rebhühner sehr rar geworden. Sie wiegen bratfertig ca. 200 g, und das wesentlich aromatischere Fleisch fällt durch seine dunklere Farbe auf. Hahn und Henne sind gleich schwer, das Männchen erkennt man lediglich am rostbraunen Brustschild.
Jagdzeit: von September bis Mitte Dezember.

4. Wildente
Freilaufende Wildenten, die bratfertig etwa 900 g wiegen, gibt es bei uns und vor allem bei den östlichen Nachbarn noch reichlich. Wildenten haben zwar ein sehr würziges Fleisch, es kann aber je nach Nahrung der Tiere auch leicht tranig schmecken. Ein probates Mittel dagegen ist: Vor dem Braten mit Zitronen- oder Orangensaft einreiben!
Jagdzeit: von September bis Januar.

1

2

3

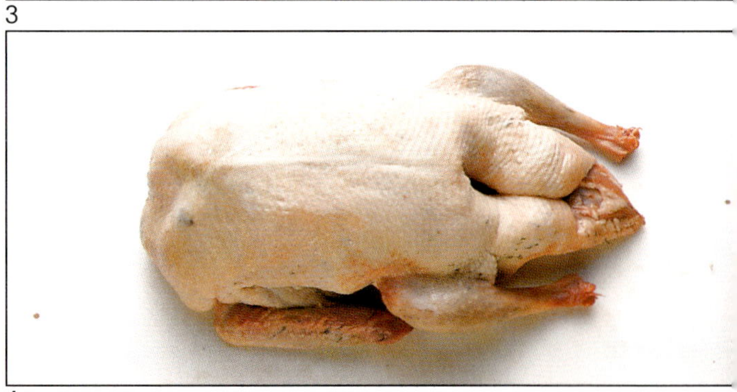
4

5. Perlhuhn
Das Perlhuhn, eine Fasanenart aus Westafrika, wird in Europa (vorwiegend in Frankreich) wie Geflügel gezüchtet. Der hübsche Vogel verdankt seinen Namen den weißen Tupfen auf seinem Gefieder. Ungefähr 3 Monate dauert es, bis das ideale Schlachtgewicht von gut 1 kg erreicht ist. Das zarte Fleisch erinnert ein wenig an Fasan. Um den Wildgeschmack noch zu verstärken, läßt man in einigen europäischen Ländern die Perlhühner unausgeblutet 1 bis 2 Tage an einem kühlen Ort abhängen. Junge Perlhühner haben ein biegsames Brustbein, gerupft sehen sie Freiland-Hähnchen verblüffend ähnlich. Perlhühner sind das ganze Jahr über erhältlich und haben einen stolzen Preis.

6. Wachtel
Vor allem in Italien, Frankreich und Spanien waren Wachteln schon immer eine überaus begehrte Delikatesse. Tierschützer haben dem ein Ende bereitet! Heute gibt es europaweit die kleinen wohlschmeckenden Vögel nur noch aus Zuchtbetrieben, überwiegend aus Frankreich, zu kaufen. Während die Wachteln aus freier Wildbahn ziemlich gefräßig und deshalb auch relativ fett waren, gleicht das Fleisch der gezüchteten Vögel mehr dem mageren Rebhuhnfleisch. Die Zuchtvögel benötigen etwa 6 Wochen, bis sie rund und fleischig sind. Küchenfertig wiegt eine Wachtel zwischen 110 und 140 g. Bei der Zucht unterscheidet man zwischen Wachteln zum Verzehr und den Tieren, die nur für die Produktion der Wachteleier gezüchtet werden. Wachteln sind ganzjährig im Handel erhältlich.

7. Taube
Unzählige Taubenarten gibt es, aber für alle gilt: Am besten schmeckt ihr feines Fleisch, bevor sie flügge werden (mit etwa 4 Wochen).
Wildtauben sind größer als Zuchttauben und haben ein dunkleres Fleisch. Junge Täubchen wiegen etwa 300 bis 500 g.
Besonders gut schmecken sie, wenn man die Tauben nach dem Schlachten nicht ausbluten läßt. Wer nicht gerade einen Taubenzüchter in der Nähe hat, muß für küchenfertige Tauben, die überwiegend aus Frankreich, Belgien und Ungarn kommen, tief in die Tasche greifen. Sie sind ganzjährig im Handel erhältlich.

8. Schneehuhn
Wie seine Artgenossen Haselhuhn und Moorschneehuhn hat auch das Schneehuhn in Deutschland eine ganzjährige Schonzeit. Da es aber in Finnland und in der ehemaligen Sowjetunion gejagt werden darf, wird es auch bei uns, vor allem von Oktober bis Januar, angeboten. Es ist etwa so groß wie ein Rebhuhn. Das **Haselhuhn** wird wegen seines besonders feinen Geschmacks in den Ländern Mittel-, Nord- und Osteuropas von September bis Oktober gejagt. Auf den britischen Inseln schätzt man besonders das **Moorschneehuhn**. Es lebt in Heiden und Mooren. Jagdzeit ist auf den britischen Inseln von November bis Januar. Alle diese Tiere zählen, wie Auer- und Birkhuhn, zur Familie der Hühnervögel, den sogenannten Rauhfußhühnern. Das bratfertige Gewicht der Schneehühner liegt zwischen 250 und 300 g.

GESETZLICHE BESTIMMUNGEN

Geflügel, gleich welcher Art, das Sie nicht direkt beim Bauern kaufen, unterliegt einer genau festgelegten Handelsklassenverordnung und seit dem 1. Juli 1991 auch den neuen EG-Vermarktungsnormen. Darin ist genau geregelt, wie das verkaufte Geflügel einheitlich in ganz Europa gekennzeichnet sein muß. Dieser EG-weiten Neuerung der Geflügelkennzeichnung fiel der bei uns häufig verwendete Begriff »Poularde« für ein Hähnchen über 1,2 kg zum Opfer. Neu ist die Bezeichnung »Stubenküken« für ein Hähnchen mit weniger als 750 g und »Kapaun« für den kastrierten Hahn.

Pflichtangaben sind:

Verkehrsbezeichnung

- Hähnchen, Suppenhuhn, Kapaun, Stubenküken
- Junge Pute (Junger Truthahn), Pute (Truthahn)
- Frühmastente, Junge Ente, Junge Flugente, Ente und Flugente
- Frühmastgans, Junge Gans, Gans
- Junges Perlhuhn, Perlhuhn

Angebotszustände

Frisch: Geflügel darf nach dem Schlachten nie durch Kälteeinwirkung erstarrt sein. Es muß mit dem Vermerk »verbrauchen bis...« versehen sein. Im Kühlschrank hält sich das Frischgeflügel bei 4° C 3 bis 5 Tage.

Gefroren: Das Tier wird im Ganzen oder zerteilt auf eine Kerntemperatur von -12° C eingefroren. Diese Temperatur muß beibehalten werden, sie darf höchstens um 3° C ansteigen.

Tiefgefroren: Sofort nach der Schlachtung oder nach dem Zerlegen wird das Fleisch auf eine Kerntemperatur von -18° C eingefroren. Diese Temperatur darf nicht ansteigen.

Handelsklassen

Geflügel darf in Handelsklasse A und B angeboten werden.
Handelsklasse A: Die Ware muß völlig einwandfrei sein, darf keinerlei Verletzungen und Tiefkühlware keinen Gefrierbrand aufweisen. Der größte Anteil des Geflügelsortiments entspricht dieser Handelsklasse.
Handelsklasse B:
Nur geringfügige Abweichungen zur A-Ware sind erlaubt. Zugelassen sind kleinere Verletzungen, Verfärbungen und ein mäßiger Gefrierbrand.

Angaben auf der Verpackung

- Bratfertig (mit Innereien)
- Grillfertig (ohne Innereien)
- Name und Anschrift des Herstellers
- Mindesthaltbarkeitsdatum bei TK-Geflügel
- Verbrauchsdatum bei Frischgeflügel
- Gewicht

Freigestellt ist den Erzeugern, ob Sie die **Haltungsform** (extensive Bodenhaltung, Auslaufhaltung, bäuerliche Freilandhaltung) und das **Kühlverfahren** (Luft-Sprüh-Kühlung, Luftkühlung, Gegenstrom-Tauchkühlung) angeben.

GEFLÜGEL KRITISCH KAUFEN

- Bevorzugen Sie Frischgeflügel! Allerdings ist der schnelle Nachhausetransport dann besonders wichtig, da sich Bakterien bei zu hohen Temperaturen rasch vermehren. Sofort in den Kühlschrank legen!
- Beim Kauf von Tiefkühlware unbedingt darauf achten, daß das Geflügel nicht antaut, wenn Sie es wieder einfrieren möchten. Eventuell eine Kühltasche mit Kühl-Akkus mitnehmen.
- Meiden Sie überfüllte Tiefkühltruhen! Achten Sie auf Gefrierbrand, verletzte Pakkungen und auf das Haltbarkeitsdatum!

GEFLÜGEL SELBER EINFRIEREN

Es lohnt sich kaum, Frischware zu kaufen und selber einzufrieren. Die Industrie hat wesentlich schnellere und somit schonendere Möglichkeiten der Tiefkühlung. Wer allerdings in der glücklichen Lage ist, Geflügel direkt vom Bauern beziehen zu können und einen Vorrat in der Tiefkühltruhe anlegen möchte, sollte folgende Punkte berücksichtigen:

- Das gut vorbereitete Geflügel sorgfältig verpacken und darauf achten, das die Plastikfolie so dicht wie möglich das Gefriergut umschließt.
- Zerteilt man das Geflügel in kleinere Portionen, ist das rasche Durchgefrieren bis zum Kern am sichersten gewährleistet.
- Achten Sie darauf, daß das Gefriergerät mindestens unter -20° C aufweist, bevor Sie das Gefriergut hineingeben.
- Niemals zu viel auf einmal einfrieren, da sonst die Temperatur zu weit absinkt. Es dauert dann unnötig lange, bis das Fleisch durchgefroren ist. Zudem entstehen dabei große Eiskristalle, die die Zellstruktur des Fleisches verletzen. Beim Auftauen geht dadurch Fleischsaft verloren und das Geflügel wird trocken.

GEFLÜGEL SCHONEND AUFTAUEN

Je langsamer Geflügel auftaut, umso besser ist anschließend die Fleischqualität.
So wird's gemacht:

- Verpackung entfernen und wegwerfen.
- Das Geflügel in einen Siebeinsatz legen und eine Schüssel darunterstellen. Zugedeckt im Kühlschrank auftauen lassen. Ein Hähnchen braucht 12 bis 15 Stunden, eine Ente etwa 1 Tag.
- Rascher geht es in der Mikrowelle (Auftaustufe). Diese Methode ist auf jeden Fall besser als das Geflügel lange Zeit bei Zimmertemperatur auftauen zu lassen. Ein Hähnchen ist in der Mikrowelle in etwa 30 bis 45 Minuten, eine Ente in 1 1/2 Stunden aufgetaut.
- Nach dem Auftauen die Auftauflüssigkeit weggießen und – ganz wichtig – auf peinliche Sauberkeit achten!

HYGIENE SCHÜTZT VOR SALMONELLEN

Salmonelleninfektionen treten in letzter Zeit vermehrt auf. Unter anderem kann auch Geflügelfleisch Auslöser für diese infektiöse Darmerkrankung sein.
Von Seiten der Geflügelerzeuger versucht man die Gefahr durch ein verbessertes Kühlverfahren etwas einzudämmen. Die Tiere kommen nun nicht mehr in ein gemeinsames Kühlwasserbad, sondern werden hängend einzeln mit Kaltluft besprüht.
Die zweite Gefahrenquelle lauert in der Küche: mangelnde Hygiene und zu kurze Garzeiten.
Deshalb sollten Sie folgendes beachten:

- Geräte und Messer, mit denen rohes Geflügelfleisch bearbeitet wurde, sofort mit heißem Wasser und Spülmittel reinigen.
- Zwischen den Arbeitsgängen gründlich die Hände mit heißem Wasser und Seife waschen.
- Kunststoffbretter sind hygienischer als Holzbretter.
- Rohes Geflügelfleisch nicht lange bei Zimmertemperatur liegen lassen und auch nicht auf diese Weise auftauen!
- Geflügelfleisch nicht roh verzehren!
- Die Speisen lange genug garen. Es muß eine Kerntemperatur von 80 bis 90° C erreicht werden, da Salmonellen dieser Hitze nicht standhalten. Günstig ist ein Bratthermometer! Damit kann man die Temperatur im Innern genau feststellen. Nicht direkt am Knochen messen, da dieser wesentlich heißer wird als das Fleisch.

GESUNDE ERNÄHRUNG MIT GEFLÜGELFLEISCH

Neben dem Genuß spielt der gesundheitliche Aspekt in der Ernährung eine immer größere Rolle. Sicherlich ist das mit ein Grund, weshalb von Jahr zu Jahr die Nachfrage nach Geflügel, allen voran Hähnchen, steigt.
Geflügelfleisch erfüllt viele Erwartungen, die man heute an gesunde Kost stellt: Es enthält wenig Fett, leichtbekömmliches Eiweiß, reichlich Vitamine, Mineralstoffe und Spurenelemente und das alles bei wenig Kalorien. Lediglich die Gans fällt mit 342 Kalorien pro 100 g ein wenig aus dem Rahmen. Die häufig als fett abgestempelte Ente hat immer noch weniger Kalorien als ein mittelfettes Schweinefleisch. Wenn man den sichtbaren Flomen entfernt, die Haut ein wenig einsticht, damit das Fett ablaufen kann, und die Sauce sorgfältig entfettet, spart man viele Kalorien. Wer sich figurbewußt ernähren will, sollte aber das Fleisch von Hähnchen, Suppenhuhn, Pute und Wildgeflügel wählen. Es ist ausgesprochen kalorienarm und der Anteil an leichtverdaulichem, hochwertigem Eiweiß liegt bei etwa 20 g pro 100 g Fleisch. Reichlich enthalten sind zudem Vitamin A und B_2, das der Körper für Wachstum, gesunde Haut und für die Sehkraft benötigt, sowie Vitamin B_1 zur Stärkung des Nervensystems. Selbstverständlich ist im Geflügelfleisch auch Eisen enthalten, aber besonders auffallend ist der hohe Gehalt an Kalium, das sich positiv auf die Regulierung des Wasserhaushaltes auswirkt.

WAS STECKT IM GEFLÜGELFLEISCH?

NÄHRSTOFF- UND ENERGIEGEHALT PRO 100 G

	E g	F g	KH g	kcal	Chol. mg	Eisen mg	B_1 mg	B_2 mg	Niacin mg
Hähnchen	20,6	5,6	–	133	80	1,8	0,08	0,16	6,8
Hähnchenbrust	22,8	0,9	–	100	60	1,1	0,07	0,09	11,0
Hähnchenkeule	20,6	2,4	–	104	75	1,8	0,01	0,24	5,6
Suppenhuhn	18,5	20,3	–	257	75	1,4	0,06	0,17	8,0
Baby-Pute	22,4	6,8	–	151	75	1,5	0,08	0,14	8,0
Putenbrust	24,1	1,0	–	105	60	1,0	0,05	0,08	11,0
Ente	18,1	17,2	–	227	70	2,0	0,3	0,2	3,5
Gans	15,7	31,0	–	342	85	2,0	0,12	0,26	6,4
Fasan	23,8	6,6	–	155	•	0,4	0,09	0,13	5,0

• keine gesicherten Angaben
aus der Nährwerttabelle nach »Der kleine Souci-Fachmann-Kraut«, 2. Auflage, 1991

SINNVOLLE HILFSGERÄTE IN DER GEFLÜGELKÜCHE

Das richtige Werkzeug erleichtert die Arbeit! Ob Messer, Töpfe oder Geflügelschere – wichtig ist eine exzellente Qualität. Sparen Sie nicht am falschen Platz. Eine noch so knusprige Gans wird durch ein unscharfes Messer oder eine schlechte Geflügelschere ruiniert. Achten Sie daher beim Kauf von Küchenhelfern neben der Funktion vor allem auf gutes Material.

Geräte zur Vorbereitung des Geflügels

Auftauschale mit Siebeinsatz
Da das Geflügel beim Auftauen aus Hygienegründen nicht mit der Auftauflüssigkeit in Berührung kommen darf, ist eine Schale mit passendem Siebeinsatz notwendig. Ersatzweise kann man auch ein Sieb über eine Schüssel hängen.

Großes Schneidemesser
Zum Aufschneiden von Putenbrustfleisch oder zum Einschneiden von Taschen für Füllungen ist ein stabiles Messer mit scharfer Klinge wichtig.

Hackbeil oder großes, breites Küchenmesser
Dies benötigt man nicht nur zum Durchhacken von den Gelenken, sondern auch zum Plattklopfen von Putenschnitzeln oder Hähnchenbrüsten.

Spitzes, langes Küchenmesser
Ideal zum Auslösen von Knochen aus dem rohen Geflügel.

Geflügelschere
Ist für alle, die häufiger Geflügel im Ganzen braten, unbedingt notwendig. Achten Sie auf gute Qualität und Funktionalität. Die Schere muß gut in der Hand liegen, die Feder sollte, der besseren Reinigung wegen, herausnehmbar sein. Gute Scheren sind zusammengeschraubt, nicht genietet.

Kleine Küchensäge
Zum Zersägen hartnäckiger Knochen von großem Geflügel. Nur nötig, wenn öfters Puten oder Gänse verarbeitet weren.

Dressiernadel
Diese Spezialnadel erleichert das Zunähen von gefülltem Geflügel jeglicher Art. Verwenden Sie keine normalen Handarbeitsnadeln, da diese leicht abbrechen können und meist auch zu kurz sind.

Küchengarn
Damit Hähnchen & Co. in Form bleiben, werden sie mit einem hitzebeständigen Küchengarn »dressiert«. Außerdem benötigt man das Garn zum Zunähen von Öffnungen und zum Festbinden von Speckscheiben.

Küchenbrett aus Kunststoff
Aus Hygienegründen sollten Sie das rohe Geflügelfleisch auf einem Kunststoffbrett verarbeiten.

Küchenhelfer zum Tranchieren

Zum Tranchieren von gebratenem Geflügel ist ein großes **Holzbrett** mit Auffangrinne am besten geeignet. Wie bei der Vorbereitung benötigt man unbedingt ein **großes, scharfes Messer** und eine gut schneidende **Geflügelschere.** Zum Festhalten großer Braten ist eine **stabile Fleischgabel** hilfreich.

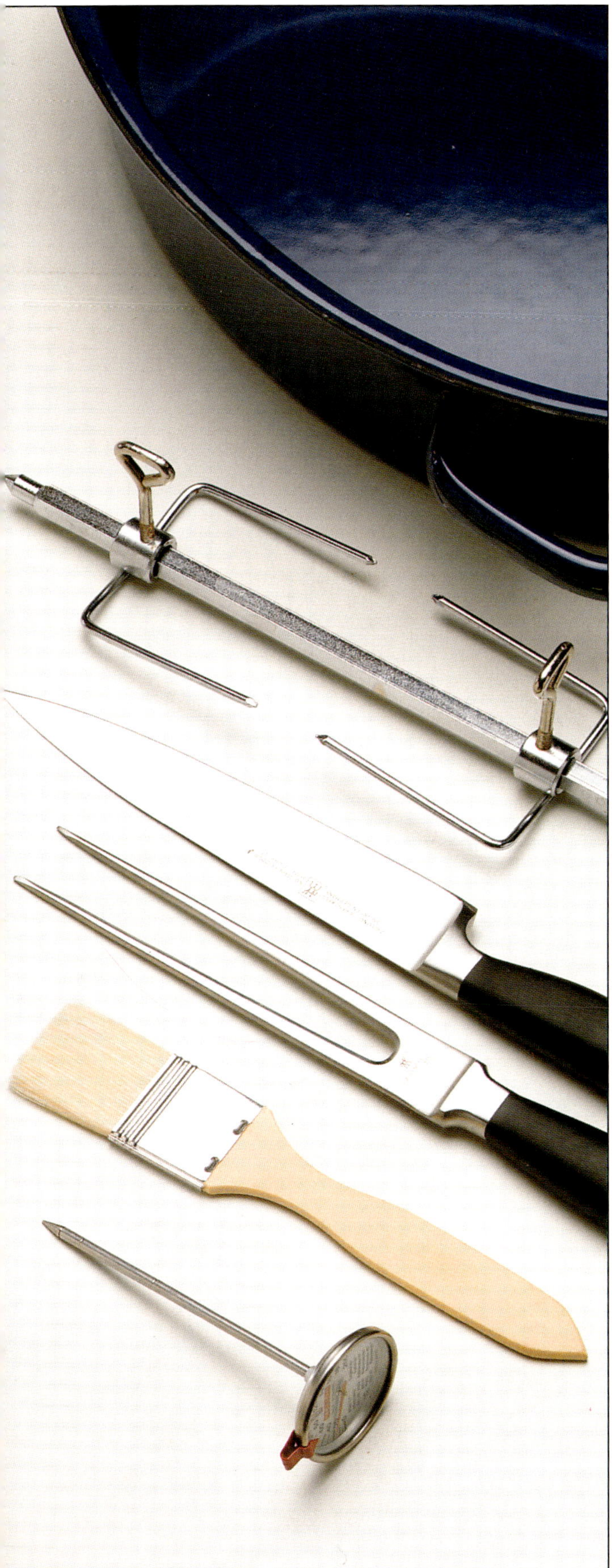

Küchengeräte für die Zubereitung

Bratpfannen
Stabil und schier unverwüstlich sind Pfannen aus Edelstahl oder Eisen. Wichtig ist, daß die Töpfe mit einem guten starken Boden, möglichst mit Kupfereinlage, ausgestattet sind, da damit eine optimale Hitzeverteilung gewährleistet ist. Wer rigoros mit Fett sparen will, wählt eine Pfanne mit Antihaft-Beschichtung.

Kochtöpfe
Mindestens zwei Töpfe sind für die Zubereitung von Geflügelgerichten vonnöten. Zum Kochen von Hühnerbrühe ein großer Kochtopf und zum Schmoren ein gut verschließbarer, halbhoher Topf mit feuerfesten Griffen, den man auch in den Backofen stellen kann.

Gänsebräter
Gans oder Puter gelingen am besten in einem Gänsebräter aus Eisen. Die Anschaffung eines guten Bräters ist ziemlich kostspielig und lohnt nur, wenn häufig große Braten zubereitet werden.

Wok
Geflügelfleisch eignet sich hervorragend für die Zubereitung im Wok. Es ist rasch gar und schmeckt auf diese Weise gebraten einfach köstlich. Wok gibt es in allen Preisklassen und aus den unterschiedlichsten Materialien. Lassen Sie sich vor dem Kauf gut beraten.

Küchengrill
Für all jene, die keinen Backofen mit integriertem Grill haben, aber gerne Grillhähnchen essen, ist ein Grillgerät eine sinnvolle Anschaffung.

Backpinsel
Zum Bestreichen des Geflügels mit Bratensaft oder mit einer Marinade.

Bratwender aus Holz oder Kunststoff
sind notwendig, wenn in beschichteten Pfannen gebraten wird.

Bratthermometer
Damit können auch Anfänger rasch feststellen, ob das Fleisch richtig durchgegart ist.

Schaumlöffel
Wird benötigt zum Abschäumen von Geflügelbrühen.

Spitzsieb
Am besten haben sich Siebe aus Metall bewährt, da sie hitzebeständig sind und sich nicht verziehen. Nach dem Gebrauch gründlich reinigen und anschließend sorgfältig trocknen lassen, damit das Sieb nicht rostet.

Abkürzungen für Maßangaben:

l, ltr	Liter
ml	Milliliter
kg	Kilogramm
g	Gramm
1000 g	= 1 kg = 1 l
1 g	= 1 ml = 1 ccm

Prise = die Menge, die Sie zwischen zwei Fingern halten können.

Msp	Messerspitze
EL	Eßlöffel
TL	Teelöffel

Richtwerte für Maßangaben:
Gewicht verschiedener Lebensmittel, bezogen auf einen gestrichenen EL/TL:

Lebensmittel	1 EL	1 TL
Salz	15 g	5 g
Öl	12 g	4 g
Butter, Margarine	15 g	5 g

1 Tasse	= 125 ml
1 Suppenteller	= 250 ml

ENTE DRESSIEREN

Enten, Kapaune oder große Hähnchen bleiben am besten in Form, wenn man mit Hilfe von Dressiernadel und Küchengarn Beine und Flügel am Körper befestigt.

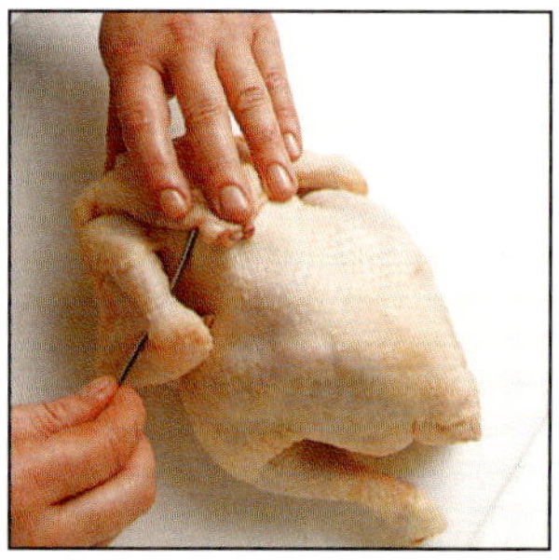

1. Geflügel auf die Brust legen und von einem Flügelende zum anderen stechen, dabei die Halshaut mitbefestigen.

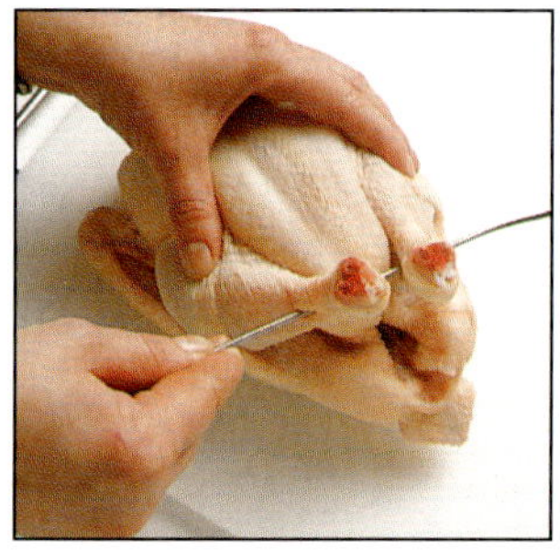

2. Geflügel wenden, mit der Nadel von einem Oberschenkel zum anderen stechen, dabei die Bauchdecke mitfassen.

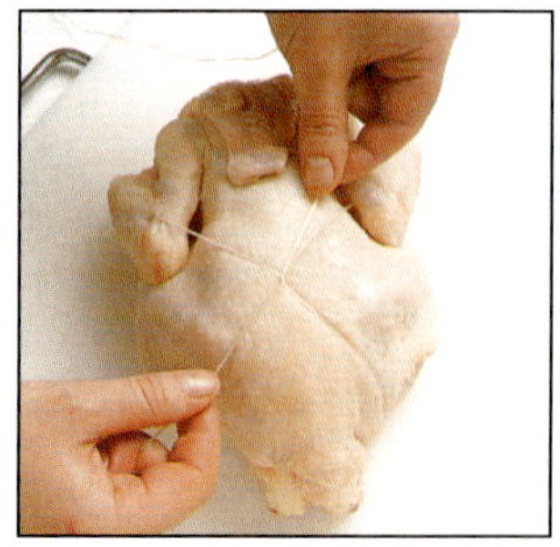

3. Das Geflügel auf die Seite legen, die überstehenden Fadenenden straffziehen und am Rücken gut verknoten.

HÄHNCHEN DRESSIEREN

Kleineres Geflügel wie Hähnchen bindet man rascher mit einem langen Faden ohne Nadel in Form.

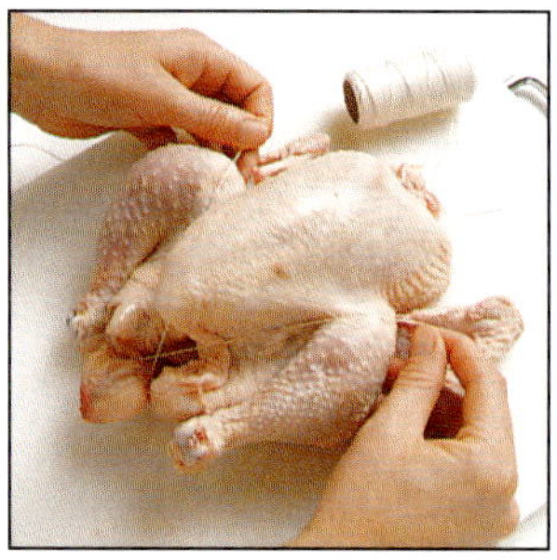

1. Faden unter dem Bürzel durchziehen, kreuzen und um die Schenkel legen. Überkreuzen und festziehen.

2. Hinter die Schenkel ziehen, Hähnchen auf die Brust legen und den Faden nach vorne um die beiden Flügel legen.

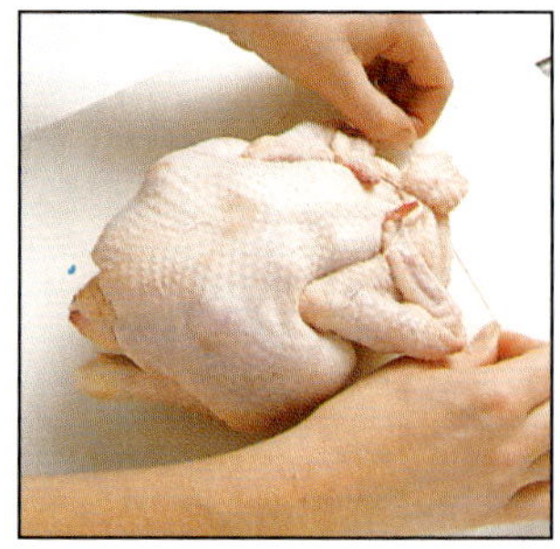

3. Faden um die Flügel schlingen, die Halshaut miteinbeziehen, festziehen und verknoten. Fadenenden abschneiden!

GEFLÜGEL PORTIONIEREN

Man kann zwar heute alle Geflügelteile auch einzeln kaufen, dennoch ist es wichtig zu wissen, wie man Geflügel zerlegt.

1. Geflügel auf den Rücken legen. Schenkel vom Rumpf wegziehen. Mit dem Messer am Gelenk durchtrennen.

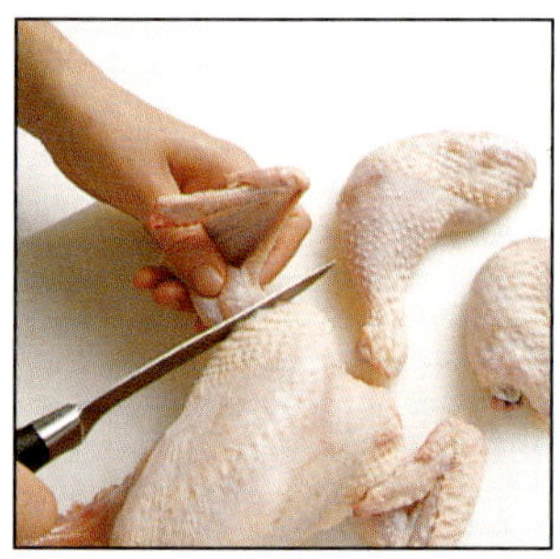

2. Flügel bewegen, damit die Schultergelenke sichtbar werden, und mit einem scharfen Messer abtrennen.

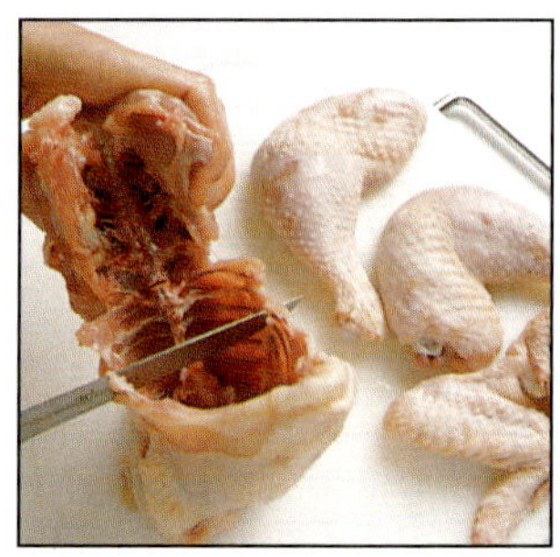

3. Rumpf aufrechtstellen und auf beiden Seiten entlang der Rippengelenke durchtrennen. Das Bruststück wegklappen.

BRUSTFLEISCH AUSLÖSEN

Ausgelöste Hähnchenbrüste sind rasch gegart und eignen sich gut zum Füllen. Aus einer ganzen Putenbrust kann man mühelos mehrere Schnitzel schneiden.

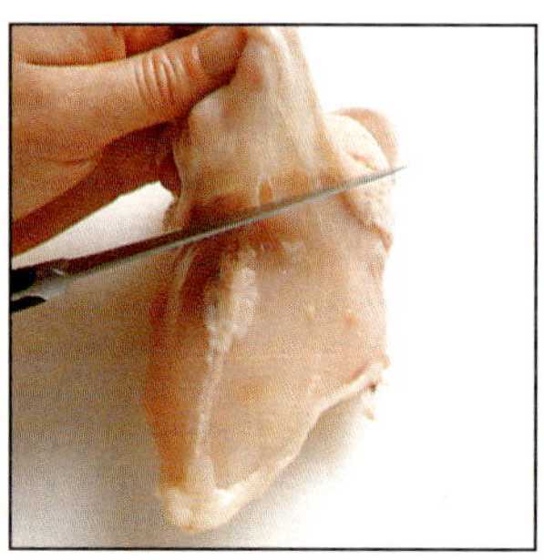

1. Hähnchen- oder Putenbrust mit der Fleischseite nach oben auf ein Brett legen. Mit einem spitzen Messer enthäuten.

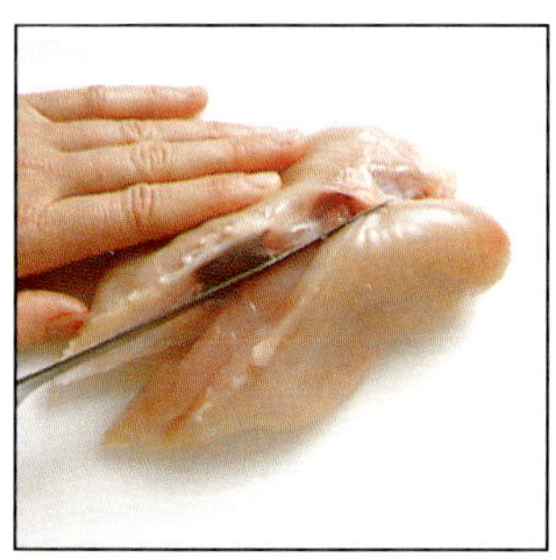

2. An beiden Seiten am Brustbein entlang einschneiden und das Fleisch vorsichtig vom Knochen ablösen.

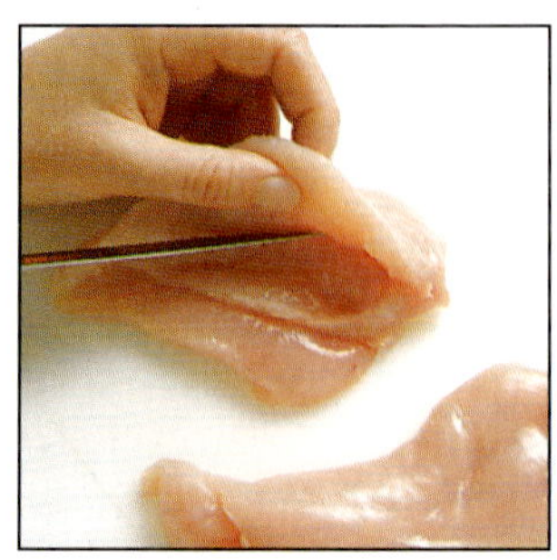

3. Brustfleisch des Puters schräg zur Faser in Scheiben schneiden. In die Hähnchenbrust eine Tasche schneiden.

KEULEN AUSLÖSEN

Schenkelfleisch ist saftiger und aromatischer als Brustfleisch. Für diejenigen, die nicht gerne Knochen abnagen, wird hier gezeigt, wie man die Knochen vorher entfernt.

1. Den untersten, verdickten Gelenkknochen vom Unterschenkel mit einem Hackbeil abschlagen.

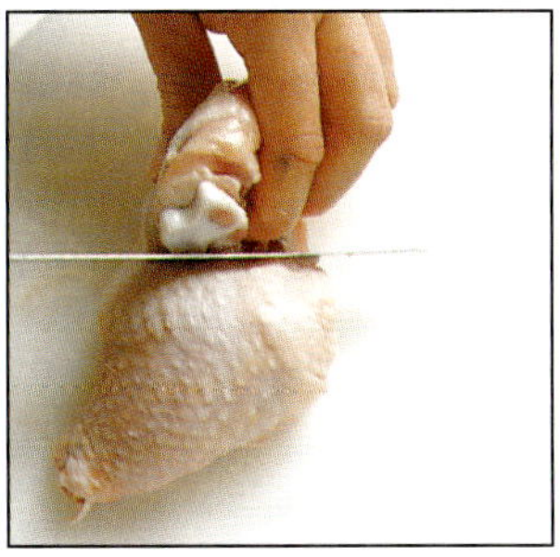

2. Den Oberschenkelknochen mit einem scharfen, spitzen Messer vom Fleisch lösen und am Gelenk abtrennen.

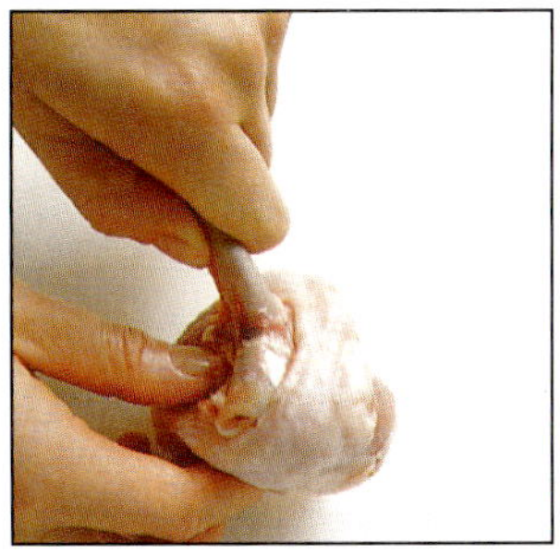

3. Den Unterschenkelknochen mit den Daumen durchdrükken, den Knochen bis auf ein kleines Stück herausziehen.

ROLLBRATEN VORBEREITEN

Das magere Putenfleisch bekommt, würzig gefüllt, eine besondere Note. Welche Füllung Sie auch wählen, immer muß rundherum ein kleiner Rand frei bleiben.

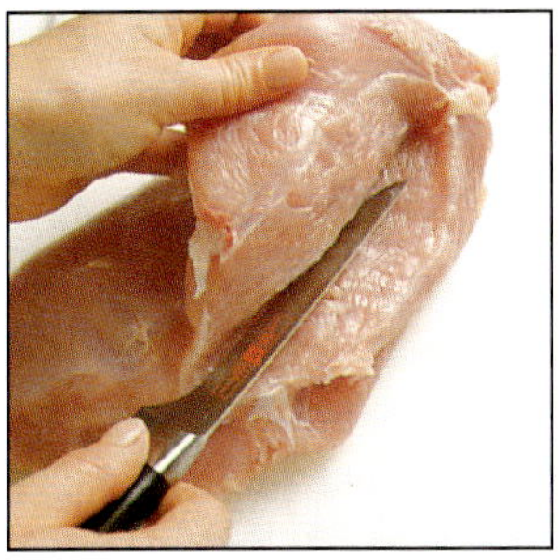

1. Eine möglichst gleichmäßige Putenbrust im oberen Drittel längs einschneiden, aber nicht durchschneiden.

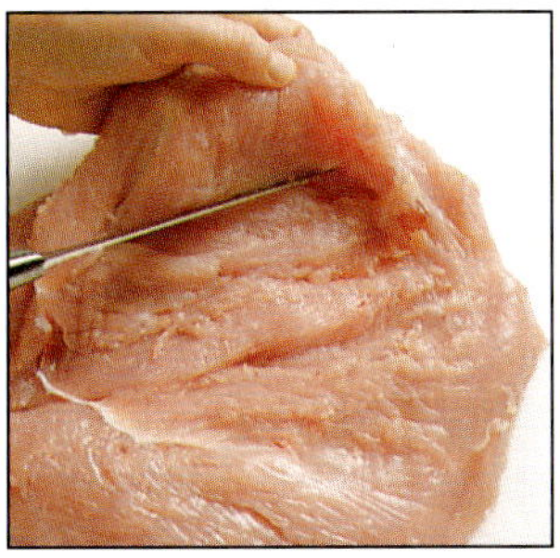

2. Den Einschnitt zur Seite klappen und von der Mitte aus nach außen schneiden. Nicht durchschneiden!

3. Die so entstandene Fleischscheibe mit einem breiten Messer flachklopfen, füllen, aufrollen und verschnüren.

ENTE ODER GANS FÜLLEN

Wenn Sie eine frische Bauerngans zubereiten: Flügel, Hals, Innereien und Flomen entfernen (daraus können Sie Gänseklein herstellen, siehe Seite 102) und das Geflügel innen und außen gründlich waschen.

1. Geflügel innen und außen salzen und pfeffern. Die gewünschte Füllung mit einem Löffel in das Geflügel geben.

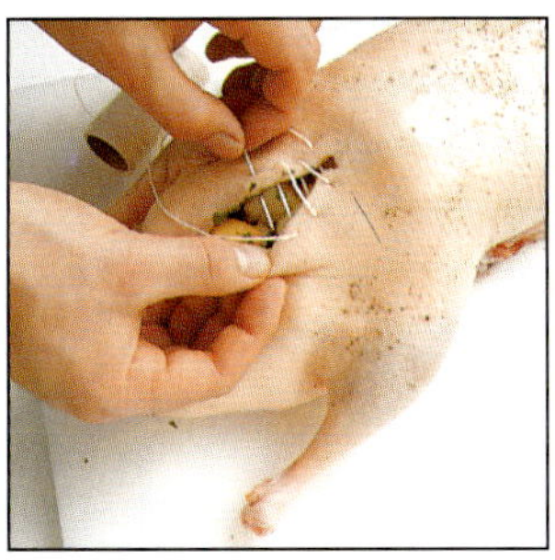

2. Das Geflügel nicht zu prall füllen. Die Öffnung mit einer Dressiernadel und Küchengarn zickzackförmig zunähen.

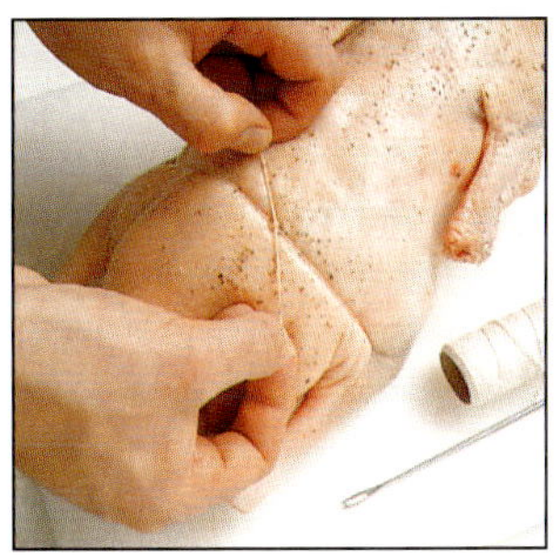

3. Mit Nadel und Garn durch Schenkel und Rumpf stechen, durch den zweiten Schenkel durchziehen. Faden verknoten.

WILDGEFLÜGEL BARDIEREN

Da das Brustfleisch leicht trocken wird, ist es ratsam die Brust mit Speckscheiben zu belegen. Eine andere Möglichkeit ist das Umhüllen mit einem Schweinenetz.

1. Die Brust des Fasans mit einer dünnen Scheibe grünen Speck, die mehrmals schräg eingeschnitten ist, belegen.

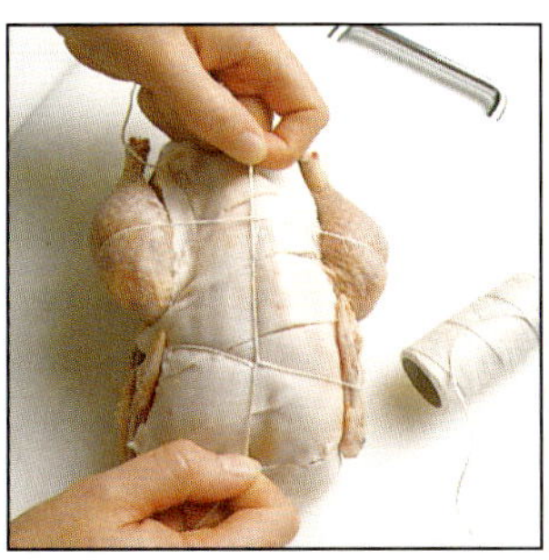

2. Wildgeflügel und Speckscheibe mit einem Küchengarn nicht zu fest wie ein Päckchen verschnüren.

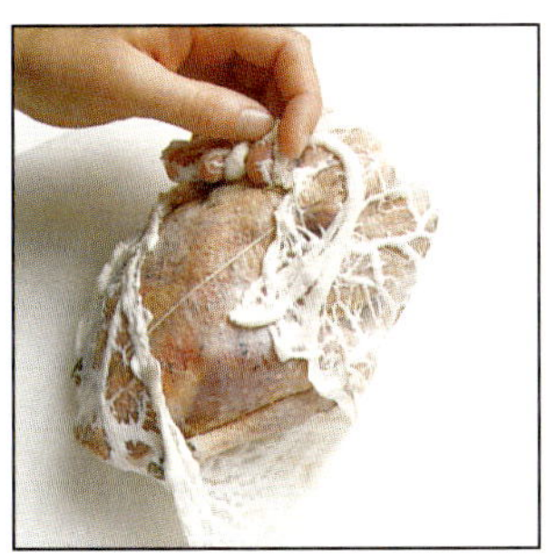

3. Gewässertes Schweinenetz ausbreiten, etwas größer als das Geflügel zurechtschneiden und dieses damit umhüllen.

GEBRATENE GANS

Gänsebraten zählt nicht gerade zu den Gerichten aus der »Schlankheitsküche«, aber mit ein paar Tricks kann man auch die Gans etwas kalorienärmer servieren: Dafür sticht man die dicke Haut ein wenig ein, damit das Fett ablaufen kann, und entfettet den Bratenfond gründlich. Durch das kurze Vordämpfen bleibt das Fleisch besonders saftig.

Für 6 bis 8 Personen
Zubereitungszeit: ca. 3 Stunden

1 l Wasser
1 bratfertige Gans von ca. 4 kg
Salz
frisch gemahlener Pfeffer
beliebige Füllung, siehe Seite 116/117

1. Wasser im Bräter erhitzen. Gans-Brust nach unten auf den Rost legen und 10 Minuten zugedeckt köcheln lassen.

GEBRATENE ENTE

Will man mit einer gebratenen Ente 4 Personen bewirten, sollte sie mindestens 2,5 kg wiegen. Am besten schmeckt eine frische Bauernente, die 2,5 bis 3 kg auf die Waage bringt.

Für 4 Personen
Zubereitungszeit: 2 Stunden

1 fleischige Ente, ca. 2,5 kg
Salz, frisch gemahlener Pfeffer
je 1 Beifuß- u. Majoranzweig
1/2 Bund Petersilie
je 1 Zwiebel und Apfel, geschält und geviertelt
1/2 l Wasser
1 EL Entenschmalz

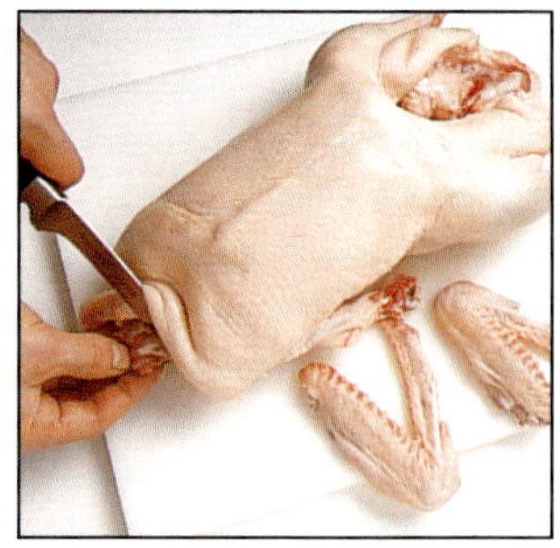

1. Flügel und Hals abschneiden. Ente würzen, mit Kräutern, Zwiebel- und Apfelvierteln füllen (siehe Seite 21).

BRATHÄHNCHEN

Da die heiße Luft des Backofens das fettarme Fleisch der Hähnchen leicht austrocknet, muß man besonders sorgsam damit umgehen. Daher entweder das junge Geflügel in Butter anbraten und immer wieder begießen oder, bevor es in den heißen Backofen kommt, dick mit Butter bestreichen.
Rezepte für Füllungen finden Sie auf Seite 116/117.

Für 4 Personen
Zubereitungszeit: 1 Stunde

1 Hähnchen von 1,2 kg
Salz, frisch gemahlener Pfeffer
50 g Butter
1 Bund Petersilie
1 Möhre, 1 Zwiebel
je 1/8 l Wein und Brühe
2 EL Crème fraîche

1. Das gewürzte, gefüllte und dressierte Geflügel (s. S. 21) in Butter rundherum anbraten. Ofen auf 200° C vorheizen.

WILDGEFLÜGEL BRATEN

Nicht nur um Wildgeflügel vor Austrocknung zu schützen, sondern auch des Geschmacks wegen umwickelt man es mit Speckscheiben. Nur wirklich junge Tiere zum Braten verwenden! Feinschmecker bevorzugen den Fasanenhahn!

Für 4 Personen
Zubereitungszeit: 1 Stunde

2 junge Fasane, je ca. 800 g
Salz
frisch gemahlener Pfeffer
2 Scheiben grüner Speck
30 g Butterschmalz
5 zerdrückte Wacholderbeeren
1 Bund Suppengrün
je 1/8 l Weißwein und Sahne

1. Die Fasane würzen, bardieren und dressieren (s. S. 21) und im heißen Fett im Bräter bei 200° C anbraten.

2. Backofen auf 180° C vorheizen. Die Hälfte der Kochflüssigkeit abgießen und aufbewahren.

3. Gans mit der Brust nach unten auf die untere Schiene des Ofens legen und 1/2 Stunde braten, dann wenden!

4. Mit der Brust nach oben noch 1 1/2 Stunden braten, dabei immer wieder mit der Gänsebrühe begießen.

5. Gans im Bräterdeckel bei 220° C in 20 Minuten goldbraun braten. Fond entfetten und etwas einkochen.

2. Ente mit der Brust nach unten auf den Rost des Bräters legen, mit 1/8 l Wasser begießen. 1/2 Stunde bei 180° C braten.

3. Flügel und Hals in 1 EL Entenschmalz anbraten. Salzen, mit restlichem Wasser aufgießen und köcheln lassen.

4. Backofen auf 200° C stellen. Geflügel wenden und in 1 Stunde gar braten, dabei mit der Entenbrühe begießen.

5. Füllung aus der Ente nehmen und mit dem Bratenfond verrühren, etwas einkochen lassen und durchpassieren.

2. Petersilie und das geputzte, kleingeschnittene Gemüse dazugeben und anbraten. Mit 1/8 l Wein aufgießen.

3. Mit der Brust nach unten 15 Minuten braten. Wenden und in 35 bis 40 Minuten fertigbraten.

4. Während des Bratens das Hähnchen zwischendurch mit Bratensaft und Brühe begießen.

5. Das Hähnchen herausnehmen. Den Bratenfond mit Crème fraîche verrühren, einkochen lassen und durchpassieren.

2. Nach 15 Minuten wenden und Wacholder und das kleingeschnittene Suppengrün dazugeben. Mit Wein aufgießen.

3. Weitere 20 Minuten braten lassen, dabei immer wieder mit Bratenfond begießen.

4. Von den Fasanen den Speck entfernen und die Brusthaut 10 Minuten bräunen lassen.

5. Geflügel herausnehmen. Sahne in den Bratenfond geben, einkochen lassen und die Sauce durchpassieren.

GEKOCHTES SUPPENHUHN

Das Kochen eines Suppenhuhns hat zwei Vorteile: Einerseits bekommt man eine kräftige, schmackhafte Brühe, andererseits lassen sich aus dem Fleisch köstliche Frikassees und Salate zubereiten.

Ergibt ca. 1 1/2 l Brühe
Zubereitungszeit:
2 1/2 bis 3 Stunden

1 Suppenhuhn von etwa 2 kg
2 Bund Suppengrün
Salz
einige Pfefferkörner
1 Zweig Thymian

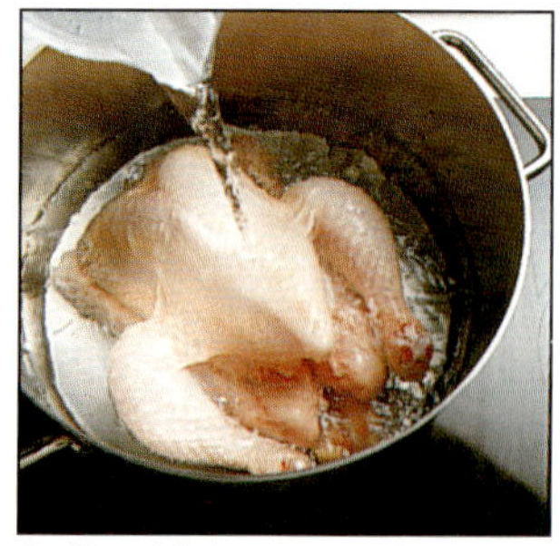

1. Das küchenfertige Suppenhuhn in einen großen Kochtopf legen. Mit 2 1/2 l kaltem Wasser begießen.

KNUSPRIG GEBRATENE PUTENSCHNITZEL

Ob Putenschnitzel oder Hähnchenbrüste, für beides gilt: Sie müssen zwar durchgebraten werden, sollen aber innen noch saftig sein. Womit man das zarte Fleisch sonst noch umhüllen kann, erfahren Sie auf Seite 60/61.

Für 4 Personen
Zubereitungszeit: 25 Minuten

4 Putenschnitzel à 150 g
Salz
frisch gemahlener Pfeffer
ca. 3 EL Mehl
2 verquirlte Eier
ca. 100 g Paniermehl
30 g Butter, 2 EL Keimöl

1. Die Putenschnitzel mit Salz und Pfeffer würzen und in Mehl wenden. Überschüssiges Mehl abklopfen.

GESCHMORTE TRUTHAHNKEULEN

Es eignen sich zwar fast alle Geflügelarten zum Schmoren, doch das Fleisch junger Tiere oder Brustfleisch ist fast zu schade dafür. Ideal zum Schmoren sind Truthahnkeulen. Schmort man ganzes Geflügel, ist es besser, es in portionsgerechte Stücke zu teilen. Das Brustfleisch kommt dann erst etwas später dazu.

Für 4 Personen
Zubereitungszeit: ca. 2 Stunden

2 Truthahnunterkeulen à 400 g
Salz, frisch gemahlener Pfeffer
4 EL Keimöl
2 gehackte Knoblauchzehen
2 gehackte Zwiebeln
je 1 Thymian- und Rosmarinzweig, 500 g Tomatenstücke
1/4 l Hühnerbrühe

1. Truthahnkeulen würzen. Öl in einem Schmortopf erhitzen und die Keulen rundherum bei starker Hitze anbraten.

ENTENBRUSTWÜRFEL AUS DEM WOK

Der vielseitig einsetzbare Wok kommt aus China, und wohl in keinem anderen Land der Welt ist Entenfleisch so beliebt wie dort. Deshalb hier das Grundrezept mit Ente, aber auch Hähnchenbrust, Putenfleisch, Tauben- oder Wachtelbrüstchen schmecken vorzüglich aus dem Wok. Weitere Anregungen finden Sie auf Seite 76 bis 79.
Bevor man den Wok benützt, 1 EL Öl darin erhitzen, den Topf damit durchschwenken und das Öl wieder abgießen.

Für 4 Personen
Zubereitungszeit: 30 Minuten

2 Entenbrüste à 250 g, Salz
400 g Gemüse und Pilze
3 EL Sojaöl
1 EL frisch geraspelter Ingwer
1 EL Speisestärke
2 EL Sojasauce
200 ml Reiswein
1 TL Aceto Balsamico
300 g frische Ananasstücke

1. Entenbrüste in 2 cm große Würfel schneiden und salzen. Gemüse und Pilze kleinschneiden.

2. Bei starker Hitze zum Kochen bringen. Aufkochen lassen und das kleingeschnittene Suppengrün dazugeben.

3. Salz, Pfefferkörner und Thymian zugeben. Bei schwacher Hitze zugedeckt 2 bis 2 1/2 Stunden köcheln lassen.

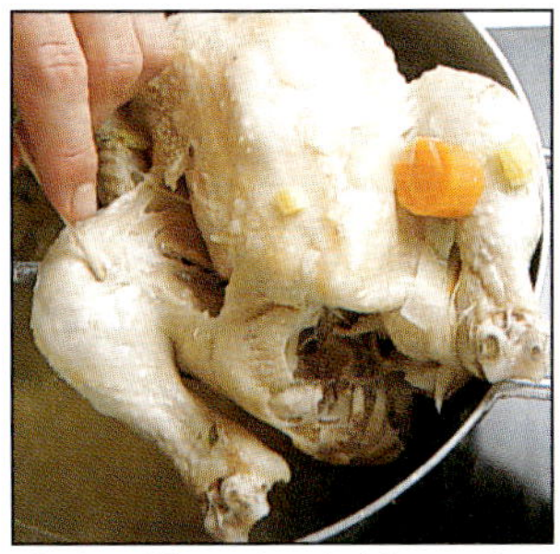

4. Am Oberschenkel kurz einstechen. Der austretende Saft muß klar sein und die Keule sich leicht vom Rumpf lösen.

5. Das Huhn herausnehmen und je nach Bedarf weiterverarbeiten. Die Brühe durch ein Spitzsieb gießen.

2. Die Schnitzel nacheinander mit einer Gabel durch die Eier ziehen und anschließend im Paniermehl wenden.

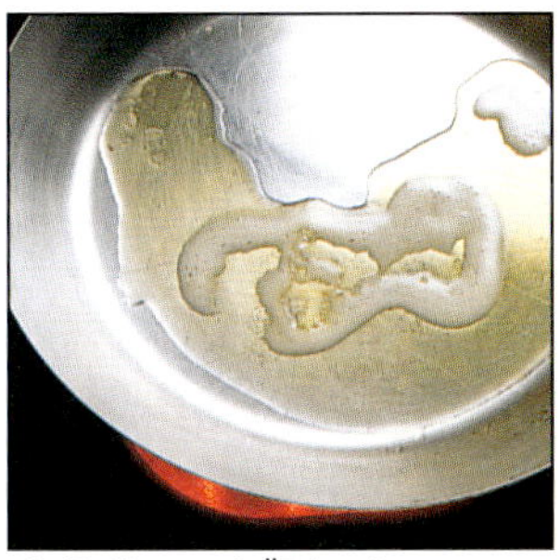

3. Butter und Öl in einer beschichteten Pfanne bei höchster Stufe erhitzen.

4. Schnitzel vorsichtig in das heiße Fett geben und 2 bis 3 Minuten anbraten. Die Hitze um die Häfte reduzieren.

5. Fleischscheiben wenden und die zweite Seite 2 bis 3 Minuten braten. Vor dem Servieren kurz ruhen lassen.

2. Backofen auf 160° C vorheizen. Knoblauch, Zwiebeln und Kräuter anschmoren und die Tomaten dazugeben.

3. Mit Brühe aufgießen, aufkochen lassen und zugedeckt 70 Minuten auf der mittleren Schiene des Backofens garen.

4. Andere Möglichkeit:
Die Keulen bei schwacher Hitze im geschlossenen Bräter auf der Kochplatte garen.

5. Keulen herausnehmen. Sie sind gar, wenn sich das Fleisch leicht vom Knochen löst. Sauce durchpassieren.

2. Öl im Wok erhitzen und das Entenbrustfleisch darin unter Rühren in 4 bis 5 Minuten knusprig anbraten.

3. Das Fleisch herausnehmen, und in dem Bratfett nacheinander Gemüse, Pilze und Ingwer anrösten.

4. Stärke, Sojasauce, Reiswein und Balsamessig verquirlen und mit den Ananasstücken zum Gemüse geben.

5. Kurz durchköcheln lassen. Zum Schluß das Entenfleisch daruntermischen und einige Minuten ziehen lassen.

GEFÜLLTES HÄHNCHEN, KAPAUN, STUBENKÜKEN ODER PERLHUHN

Während bei den zarten Stubenküken meist eine gutfunktionierende Küchenschere ausreicht, um das Tier zu halbieren, sind bei einem fleischreichen Hähnchen oder einem kräftigen Kapaun eine Geflügelschere und ein scharfes Messer unbedingt vonnöten. Für jedes gebratene Haus- und Wildgeflügel gilt:
Vor dem Tranchieren immer erst einige Minuten ruhen lassen, damit sich der Fleischsaft verteilen kann und beim Zerschneiden nicht ausläuft.

1. Das Hähnchen mit einer Geflügelschere oder einem scharfen Messer entlang des Brustbeins aufschneiden.

2. Die Füllung mit einem scharfen Messer bis zum Rückgrat durchschneiden und mit einem Löffel herauslösen.

ENTE UND GANS

Eine Gans oder eine Bauernente zu zerlegen, erfordert schon ein wenig Muskelarbeit, und nicht selten ist es daher die ehrenvolle Aufgabe des Hausherrn. Da beide Geflügelarten kräftige Knochen haben, ist ein stabiles und funktionelles Werkzeug sehr wichtig.

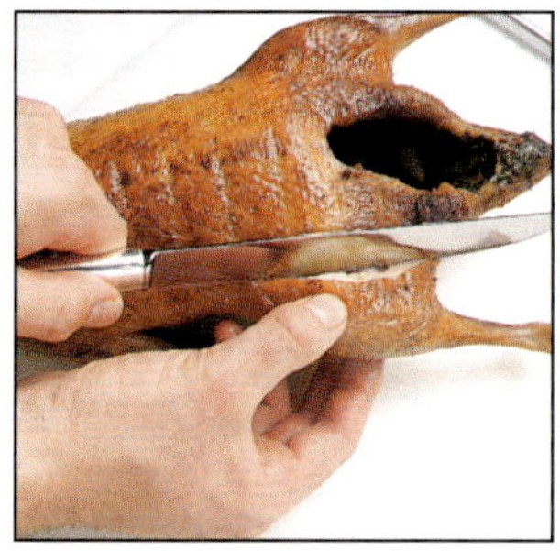

1. Das Geflügel auf den Rücken legen und die Keule vom Rumpf wegziehen, damit das Gelenk sichtbar wird.

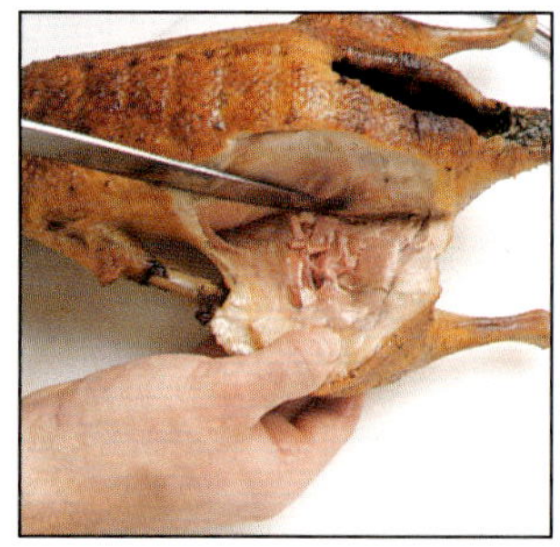

2. Das Fleisch zwischen Oberschenkel und Rumpf durchschneiden, die Keule abbiegen und das Gelenk durchtrennen.

PUTE ZERLEGEN

Das größte aller Hausgeflügel kommt fast nur noch als Babypute (ca. 2,5 kg) im Ganzen in den Handel. Größere Tiere bekommt man meist nur direkt vom Bauern. Damit jeder etwas von den unterschiedlichen Fleischsorten der Pute abbekommen kann, muß sie richtig tranchiert werden.

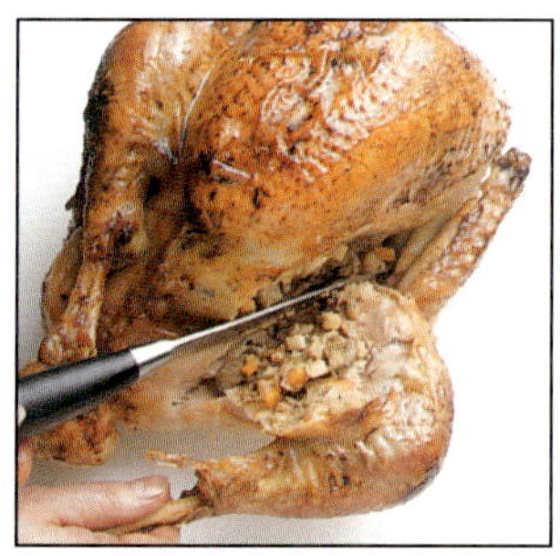

1. Haut zwischen Oberschenkel und Brust durchtrennen, Schenkel nach außen biegen und das Gelenk durchschneiden.

2. Das Bein mit einer Fleischgabel festhalten und mit einem kräftigen Schnitt das Gelenk durchtrennen.

ENTBEINEN EINES GEKOCHTEN SUPPENHUHNS

Das Suppenhuhn ist nicht nur die Grundlage feiner Brühen, sondern auch die Basis herrlicher Gerichte. Das Fleisch muß zwar weich sein, darf aber nicht zerfallen. Entbeinen und enthäuten geht am besten, wenn das Suppenhuhn noch heiß ist. Wenn Sie das Suppenhuhn jedoch nicht sofort verwenden, lassen Sie es am besten in der Brühe abkühlen und häuten es erst kurz vor Gebrauch.

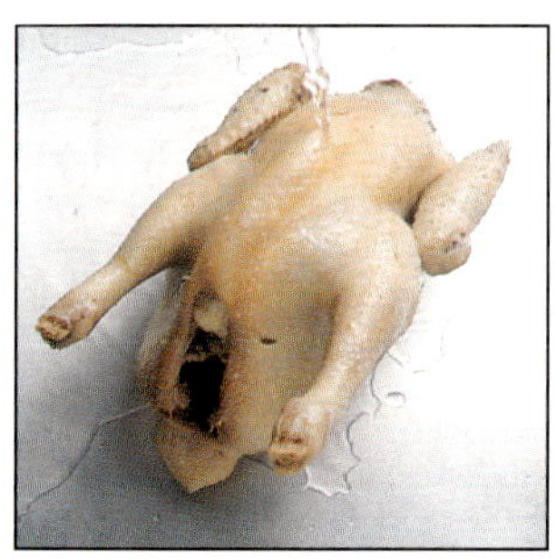

1. Gekochtes Huhn kurz unter kaltem Wasser abspülen. Das reduziert das Auslaufen des Fleischsaftes beim Zerlegen.

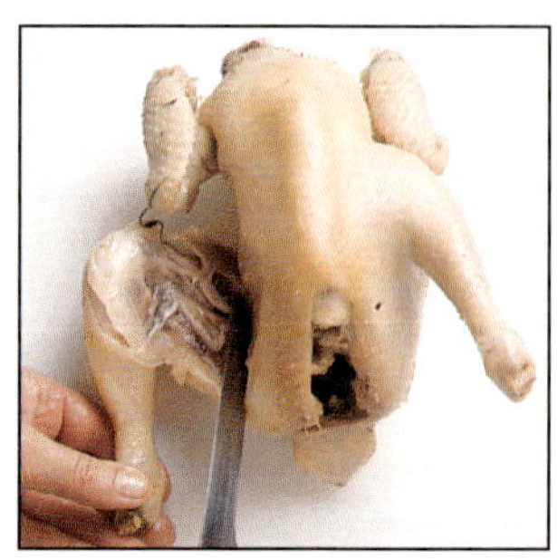

2. Die Haut zwischen Keulen und Brust einschneiden, die Keulen abbiegen und beim Gelenk durchtrennen.

3. Das Rückgrat an beiden Seiten entlang der Wirbel mit der Geflügelschere oder einem großen Messer durchtrennen.

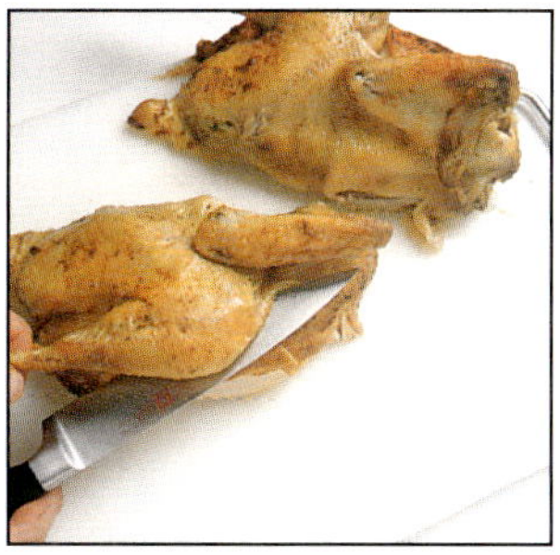

4. Die Hälften auf die Schnittfläche legen, die Keulen etwas anheben und mit einem Messer am Gelenk durchtrennen.

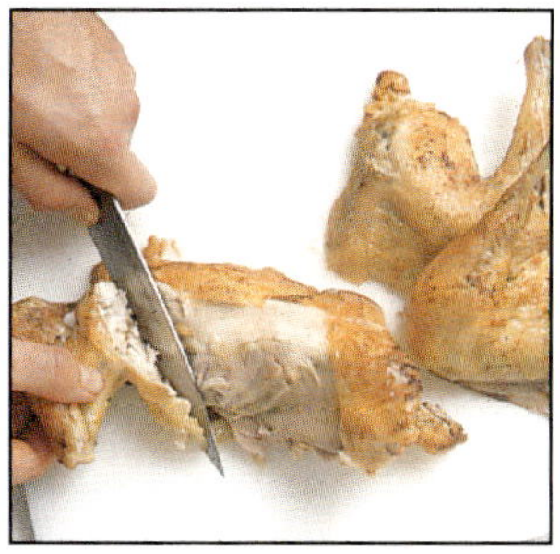

5. Flügel anheben und mit dem Messer ebenfalls vom Rumpf trennen. Eventuell das Brustfleisch von den Knochen lösen.

6. Die Füllung in Scheiben schneiden und jeweils eine Scheibe mit einem Stück Fleisch anrichten.

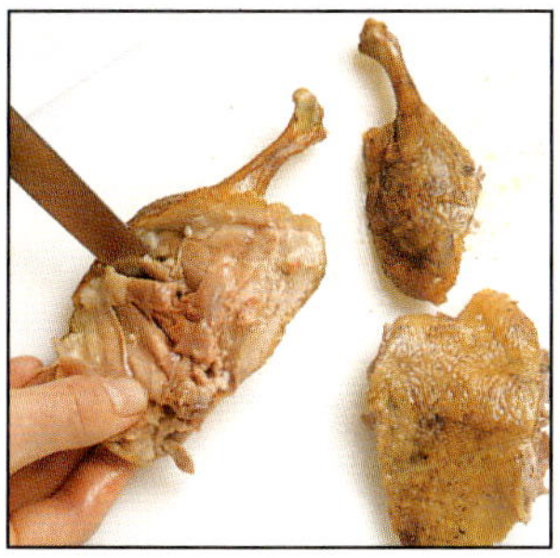

3. Beide Keulen auf diese Weise abtrennen. Dann in Ober- und Unterschenkel teilen.

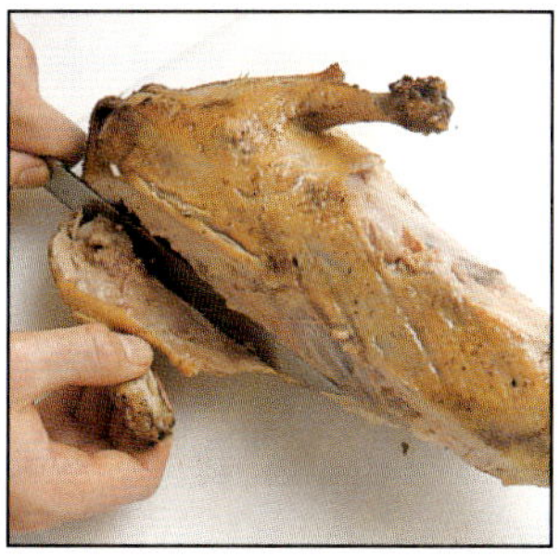

4. Die Flügel auf die gleiche Weise wie die Keulen vom Rumpf abschneiden.

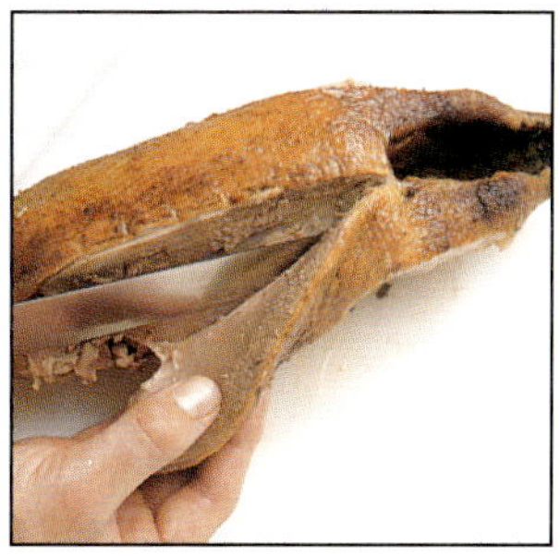

5. Das Brustfleisch mit einem langen, schmalen Messer in Scheiben vom Knochengerüst schneiden.

6. Das portionierte Enten- oder Gänsefleisch wieder hübsch auf dem Knochengerüst anrichten.

3. Das Fleisch des Unterschenkels in 4 dicken Scheiben entlang des Knochens abschneiden.

4. Den Oberschenkel ebenfalls quer zur Faser in 3 bis 4 dicke Scheiben teilen.

5. Die zweite Keule genauso portionieren. Dann die Flügel etwas abbiegen und vom Rumpf trennen.

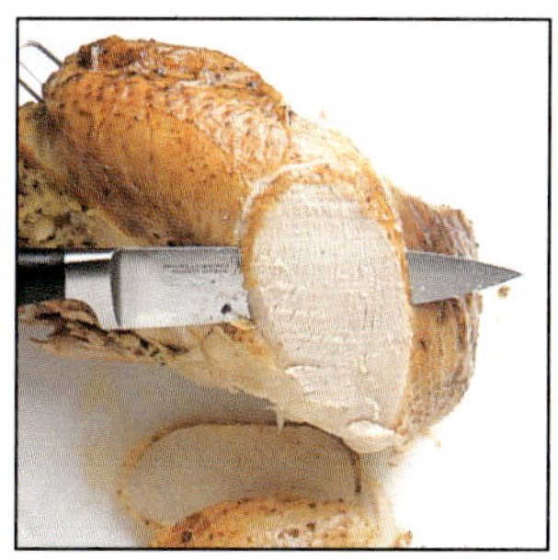

6. Das Rumpfstück mit einer Tranchiergabel festhalten und das magere Brustfleisch in dünne Scheiben schneiden.

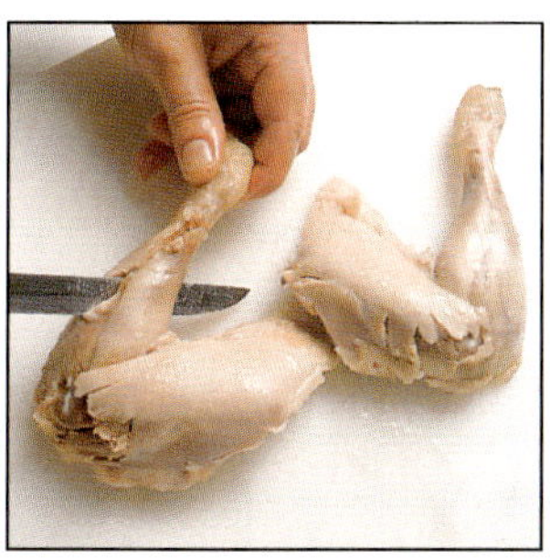

3. Die Keulen enthäuten. Das Fleisch bis zum Knochen einschneiden und Knochen und Knorpel herauslösen.

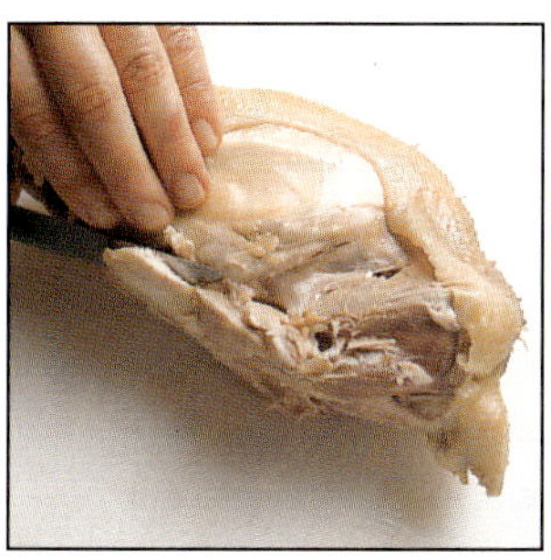

4. Die Flügel abtrennen, sie werden nicht benötigt. Die kleinen Fleischstücke am Rücken auslösen.

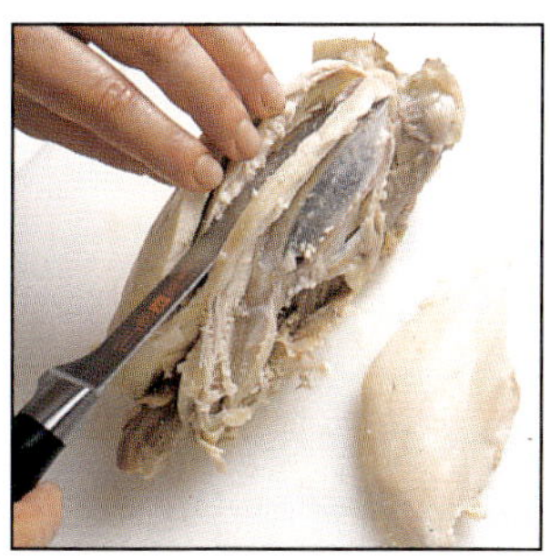

5. Die Brust enthäuten und das Fleisch links und rechts mit einem scharfen Messer vom Knochengerüst lösen.

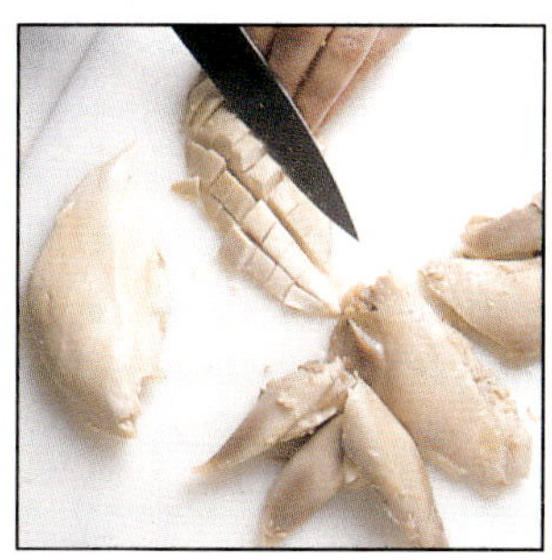

6. Das abgelöste Fleisch je nach Weiterverwendung kleinschneiden und bis zum Gebrauch in etwas Brühe legen.

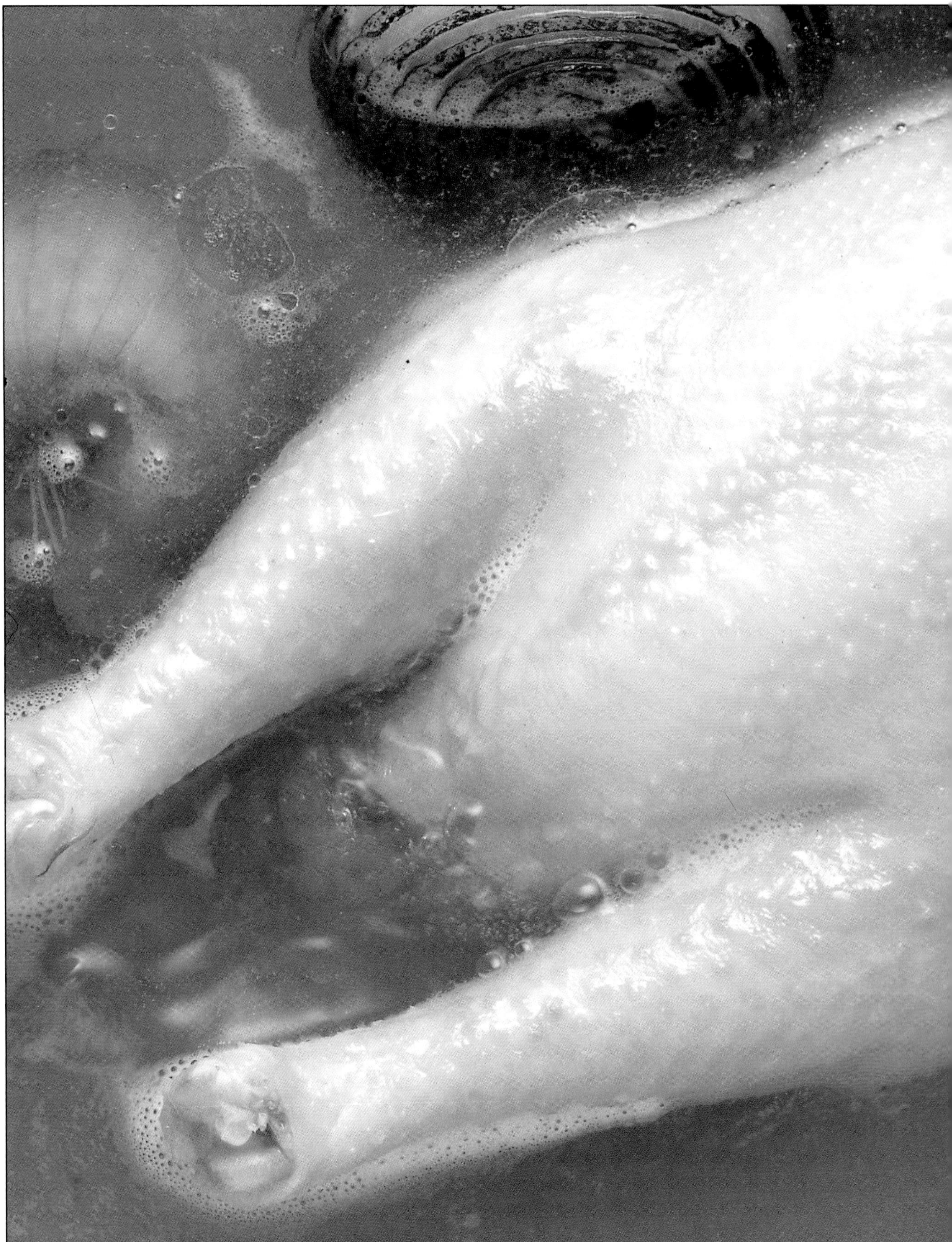

Suppen

Es muß nicht immer Suppenhuhn sein! Aus allen Geflügelsorten lassen sich traumhafte Brühen oder Consommés zubereiten!

NO STAIN FRIODUR
31070 · 160mm (6")

KLARE HÜHNERBRÜHE

Klare Hühnerbrühe ist die Grundlage vieler kräftiger Suppen und Eintöpfe. Besonders aromatisch wird die Brühe, wenn man ein nicht zu mageres, aus Freiland-Haltung stammendes Suppenhuhn verwendet. Wenn es schnell gehen soll, nehmen Sie am besten ein fleischreiches Hähnchen (Poularde).

Für 8 bis 10 Personen
Zubereitungszeit: 3 Stunden

- 1 Suppenhuhn (ca. 1,8 kg), ohne Innereien
- 3 l Wasser
- 1 Möhre
- 1 kleine Lauchstange
- 1 kleine Petersilienwurzel
- 1/4 Sellerieknolle
- 1 Zwiebel
- 1 Bund glatte Petersilie
- 1 frischer Thymianzweig
- 1 Stück unbehandelte Zitronenschale
- 8 bis 10 Pfefferkörner
- Salz

1. Das Huhn von Luft-, Speiseröhre und Fettdrüsen befreien und innen und außen mit kaltem Wasser abspülen.
2. Links und rechts von der Bauchöffnung die Haut etwas einschneiden und die Beine durchstecken.
3. Das Suppenhuhn mit der Brustseite nach unten in einen großen Kochtopf legen und mit kaltem Wasser begießen.
4. Bei starker Hitze zum Kochen bringen und den dabei entstehenden Schaum mit einem Schaumlöffel abnehmen, die Hitze reduzieren.
5. Das Gemüse waschen, putzen und kleinschneiden. Die Zwiebel schälen, halbieren und die Schnittflächen in einer unbeschichteten Pfanne ohne Fettzugabe goldbraun rösten. Petersilie, Thymian und Zitronenschale zusammenbinden.
6. Alles zu dem Huhn in den Kochtopf geben. Pfefferkörner und Salz hinzufügen und bei schwacher Hitze zugedeckt 2 bis 2 1/2 Stunden sanft köcheln lassen. Nach etwa 1 Stunde das Huhn wenden.
7. Wenn der austretende Fleischsaft beim Einstechen in den dicksten Teil des Schenkels klar ist und sich das Fleisch leicht vom Knochen löst, ist das Suppenhuhn gar. Dann das Huhn herausheben und anderweitig verwenden.
8. Die Brühe durch ein Haarsieb in einen Topf gießen. Entweder sofort das Fett abschöpfen oder die Brühe kalt stellen und dann die festgewordene Fettschicht entfernen.

Pro Person:
Kalorien (kcal) 14
Eiweiß (g) 1
Fett (g) 1
Kohlenhydrate (g) 0

• Läßt man die klare Brühe im Topf ohne Deckel bei schwacher Hitze um etwa die Hälfte einkochen, erhält man eine Kraftbrühe, auch Consommé oder Essenz genannt.
• Geflügel immer in kaltem Wasser aufsetzen, damit die Aromastoffe in die Brühe übergehen können.
• Die Flüssigkeit darf auf keinen Fall sprudelnd kochen, da sonst die Brühe trüb und das Fleisch trocken wird.

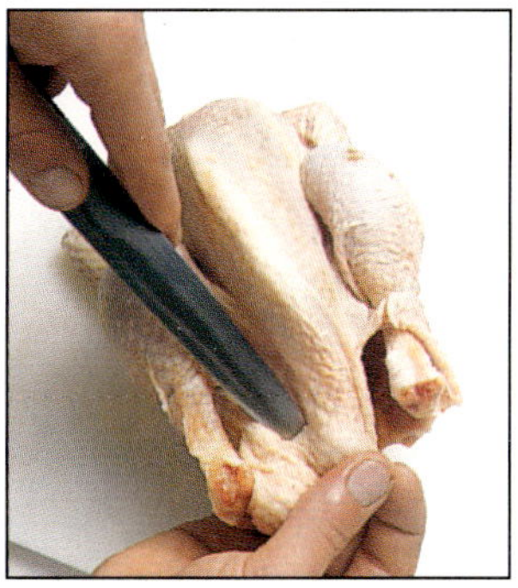

Suppenhuhn vorbereiten
Das gesäuberte Geflügel innen und außen kalt abbrausen. Damit die Schenkel des Huhns nicht aus der Brühe ragen, links und rechts der Bauchöffnung Haut und Fleisch etwas einschneiden und die Beine durchstecken.

Huhn zum Kochen bringen
Das Huhn mit der Brust nach unten in einen ausreichend großen Kochtopf legen und mit 3 l kaltem Wasser begießen. Bei starker Hitze zum Kochen bringen, dann sofort zurückschalten.

Gemüse vorbereiten
Gemüse waschen und putzen. Möhre, Lauch und Petersilienwurzel der Länge nach durchschneiden. Petersilie, Thymian und Zitronenschale mit einem Küchengarn zusammenbinden.

Brühe köcheln lassen
Brühe abschäumen, dann das Gemüse dazugeben. Wenn nötig, die Hitze nochmals reduzieren und das Huhn in dem geschlossenen Topf sanft köcheln lassen. Die Brühe darf keinesfalls kochen, sonst wird sie trüb!

Brühe abseihen
Das Huhn herausnehmen und beiseite legen. Die Brühe durch ein Haarsieb oder mit einem Mulltuch ausgelegtes Sieb in einen Topf abgießen. Das Fett sofort abschöpfen oder die Brühe kalt stellen und das festgewordene Fett entfernen.

FASANENCONSOMMÉ

Für 4 Personen
Zubereitungszeit: 1 Stunde

- 1 Fasan (ca. 800 g)
- 2 EL Keimöl
- 1 Möhre
- 1 kleine Petersilienwurzel
- 2 Petersilienstengel
- 1 frischer Thymianzweig
- 1 Lorbeerblatt
- 6 bis 8 Wacholderbeeren
- 6 weiße Pfefferkörner
- Salz
- 1/8 l trockener Rotwein
- 1 1/2 l Hühnerbrühe

1. Den Fasan waschen, die Brustfilets auslösen und für ein anderes Gericht verwenden. Die Knochen mit den Keulen in Stücke zerhacken und in dem heißen Öl anbraten.
2. Gemüse putzen und kleinschneiden. Zusammen mit den Kräutern und Gewürzen dazugeben und anrösten.
3. Mit Wein und Brühe aufgießen und bei offenem Topf und schwacher Hitze etwa 40 Minuten köcheln lassen.
4. Die Brühe durch ein Haarsieb in einen Topf gießen und auf 1 l einkochen lassen. Entfetten und auf vier Tassen verteilen.

Pro Person:
Kalorien (kcal) 87
Eiweiß (g) 1
Fett (g) 7
Kohlenhydrate (g) 1

SÜSS-SAURE ENTENCONSOMMÉ

Für 4 Personen
Marinierzeit: 4 bis 5 Stunden
Zubereitungszeit:
1 Stunde 15 Minuten

- 1 Frühmastente (ca. 1,8 kg)
- 1/8 l Reiswein
- 2 EL Sojasauce
- 1 cm frische Ingwerwurzel
- Cayennepfeffer
- 1 TL Zucker
- 2 EL Keimöl
- 1 Bund Suppengrün
- 1 1/2 l Wasser
- Salz
- 1 EL Aceto Balsamico

1. Von der Ente die Brustfilets auslösen und für ein anderes Gericht weiterverwenden. Die restliche Ente in kleine Stücke zerhacken und mit Reiswein, Sojasauce, geriebenem Ingwer, Cayennepfeffer und Zucker vermischen. Zugedeckt einige Stunden marinieren.
2. Das Öl erhitzen und die abgetropften Ententeile und das zerkleinerte Suppengrün darin anbraten. Wasser, Marinade und Salz dazugeben und aufkochen lassen. Zugedeckt 1 Stunde bei schwacher Hitze köcheln lassen.
3. Durch ein Haarsieb in einen Topf gießen und entfetten. Mit Balsamessig abschmecken und auf 1 l einkochen.

Pro Person:
Kalorien (kcal) 60
Eiweiß (g) 1
Fett (g) 6
Kohlenhydrate (g) 0

WACHTEL-STEINPILZ-ESSENZ

Für 4 Personen
Zubereitungszeit: 50 Minuten

4 Wachteln
1 Möhre, 1 kleine Zwiebel
2 EL Keimöl
20 g getrocknete Steinpilze
1/2 Bund glatte Petersilie
1 frischer Thymianzweig
Salz
frisch gemahlener Pfeffer
4 cl Portwein
1 1/2 l Hühnerbrühe
evtl. 2 kleine frische Steinpilze

1. Von den Wachteln die Brustfilets auslösen und für ein anderes Gericht verwenden. Die Knochen mit den Keulen in Stücke hacken. Möhre putzen, Zwiebel schälen und beides kleinschneiden.
2. Das Öl erhitzen und die zerhackten Geflügelteile darin anbraten. Gemüse, Pilze und Kräuter dazugeben, mit Salz und Pfeffer würzen. Mit dem Portwein ablöschen und die Brühe dazugeben.
3. Zugedeckt bei schwacher Hitze 30 Minuten köcheln lassen. Durch ein Sieb gießen und auf 1 l einkochen. Mit kurz gebratenen Steinpilzscheiben anrichten.

Pro Person:
Kalorien (kcal) 67
Eiweiß (g) 1
Fett (g) 7
Kohlenhydrate (g) 1

BRÜHE AUS HÜHNERKLEIN

Für 4 Personen
Zubereitungszeit: 1 Stunde

500 g Hühnerklein
1 Markknochen
1 1/2 l Wasser
1 Bund Suppengrün
1 Zwiebel
1 cm Zimtstange
6 weiße Pfefferkörner
Salz
4 cl Fino-Sherry

1. Das Hühnerklein und die Markknochen waschen, in einen Kochtopf geben und mit kaltem Wasser begießen.
2. Dann bei starker Hitze zum Kochen bringen und mit einem Schaumlöffel abschäumen.
3. Suppengrün waschen, kleinschneiden und mit der geschälten, halbierten Zwiebel und den Gewürzen in den Kochtopf geben. Die Hitze reduzieren und die Brühe im geschlossenen Topf etwa 40 Minuten sanft köcheln lassen.
4. Durch ein Haarsieb in einen Topf gießen und auf etwa 1 l einkochen lassen. Entfetten und mit Sherry abschmecken.

Pro Person:
Kalorien (kcal) 30
Eiweiß (g) 1
Fett (g) 1
Kohlenhydrate (g) 2

HÜHNERBRÜHE MIT VERSCHIEDENEN EINLAGEN

Grundlage für diese Suppen ist entweder eine Hühnerbrühe (siehe Grundrezept) oder eine Consommé der vorhergehenden Seiten. Je nach Einlage ergibt dieses Gericht eine sättigende Mahlzeit oder die Vorspeise eines festlichen Menüs für jeweils 4 Personen.

1. Safran-Butternockerl
50 g weiche Butter schaumig rühren. Nach und nach 1 Eigelb und 1 Ei dazugeben. Je 1/2 TL Grieß und Mehl mit 50 g Paniermehl sowie 1 Msp Safran vermischen und unter die Butter-Ei-Mischung rühren. Mit Salz und weißem Pfeffer würzen und etwa 15 Minuten quellen lassen. Mit Hilfe von 2 Teelöffeln kleine Nockerl abstechen und in siedendem Salzwasser garen.
Einlage für: Hühnerbrühe oder Wachtelessenz.

2. Kräuter-Geflügel-Klößchen
150 g gekühltes Hähnchenbrustfilet im Mixer sehr fein pürieren. 1 Ei, 3 EL Sahne und 2 EL feingehackte Frühlingskräuter (Petersilie, Schnittlauch, Basilikum, Kerbel) darunterrühren. Mit Salz, frisch gemahlenem weißem Pfeffer und etwas fein abgeriebener Zitronenschale abschmecken. Aus dem Fleischteig kleine Kugeln formen und in der Hühnerbrühe garen.
Einlage für: Hühnerbrühe, zusätzliche Einlage zur Entenconsommé mit Chinakohl.

3. Gefüllte Wirsingsäckchen
200 g püriertes Putenfleisch mit 50 g grobgehackten Krabben und 1 Eigelb mischen. Mit frisch geraspeltem Ingwer, etwas Curry, Salz und Sojasauce würzen. 2 Frühlingszwiebeln putzen, in sehr feine Scheiben schneiden und in 1 EL Keimöl bißfest braten. Abgekühlt unter die Füllung mischen. 4 große Wirsingblätter in kochender Brühe blanchieren, die Füllung auf den Blättern verteilen, wie ein Säckchen zusammendrücken und mit je einem Schnittlauchröllchen zusammenbinden. In leicht siedender Brühe oder Essenz garen.
Einlage für: Hühnerbrühe oder Entenessenz.

4. Gebackene Pesto-Brötchen
Von einem Baguette 8 ca. 1/2 cm dicke Scheiben abschneiden, aber nicht völlig durchtrennen. Erst jeweils nach der zweiten Scheibe durchschneiden. Auf diese Weise 4 Brotscheiben mit Tasche vorbereiten. In jede Tasche etwa 1 TL fertiges Pesto streichen und zusammenklappen. Die Brote kurz in Milch tauchen. 1 Ei mit 2 EL Sahne und 1 EL geriebenem Parmesan verquirlen. Die Brote in der Eimischung wenden und in heißem Olivenöl von beiden Seiten bei mittlerer Hitze goldbraun braten.
Einlage für: Hühnerbrühe oder Hühnerconsommé.

1

3

2

4

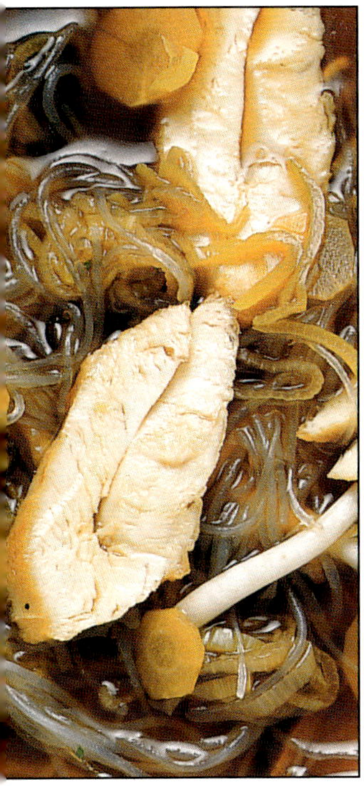

7

8

5. Chinesische Hühnersuppe
1 kleine Lauchstange und 2 Möhren in dünne Scheiben schneiden. 100 g Shiitake-Pilze putzen und in Scheiben schneiden. 2 EL Erdnußöl erhitzen und das Gemüse und die Pilze darin unter Rühren anbraten. Mit etwas frisch geriebenem Ingwer würzen und mit 4 cl Reiswein sowie 2 EL Sojasauce ablöschen. Mit 1 l Hühnerbrühe aufgießen und ca. 8 Minuten bei mittlerer Hitze kochen lassen. 1 Hähnchenbrustfilet in 1 EL Keimöl von beiden Seiten anbraten und zugedeckt garen lassen. 20 g kleingeschnittene Glasnudeln und 2 EL frische Sojakeimlinge einige Minuten in der Suppe ziehen lassen. Mit Salz und Pfeffer abschmecken, das in Streifen geschnittene Hühnerbrustfilet dazugeben und mit Petersilienblättchen bestreuen.

6. Entenconsommé mit Chinakohl und Pilzen
15 g getrocknete Mu-Err-Pilze einige Stunden in lauwarmem Wasser einweichen. 1/2 kleinen Chinakohl in feine Streifen schneiden. Dann 2 EL Erdnußöl in einem Kochtopf erhitzen und die Kohlstreifen darin andünsten. Die Pilze dazugeben, mit 1/2 TL Currypulver bestreuen und mit 1 l Entenconsommé aufgießen. Einige Minuten sanft köcheln lassen. Mit Aceto Balsamico und Reiswein würzen und mit feingehackten Korianderblättern (Cilantro) bestreuen.

7. Griechische Hühnerreissuppe
1 1/2 l Hühnerbrühe (siehe Grundrezept) zum Kochen bringen und 100 g Rundkornreis einstreuen. Aufkochen lassen und bei schwacher Hitze etwa 15 bis 20 Minuten ausquellen lassen. 2 Eiweiß in einer großen Schüssel zu sehr steifem Schnee schlagen und dabei langsam den Saft von 1 Zitrone hinzufügen. 3 Eigelb und 2 EL feingehackte Petersilie unter den Eischnee ziehen. Nach und nach mit einer Schöpfkelle vorsichtig die Reissuppe unter die Eischaummasse mischen. Mit Salz und weißem Pfeffer herzhaft abschmecken und das in kleine Würfel geschnittene, gekochte Hühnerfleisch untermischen.

8. Hühnersuppe Gärtnerin Art
500 g Gemüse (z.B. Möhren, Kohlrabi, Lauch, Sellerie, grüne Bohnen) putzen und kleinschneiden. 1 Bund Frühlingszwiebeln in feine Scheiben schneiden und mit 1 bis 2 gehackten Knoblauchzehen in 3 EL Keimöl andünsten. Das Gemüse dazugeben und mit 1 1/2 l Hühnerbrühe (Grundrezept oder Brühe aus Hühnerklein) aufgießen. Salzen, pfeffern und bei schwacher Hitze etwa 20 Minuten köcheln lassen. 50 g Hörnchennudeln in die Suppe geben und weitere 10 Minuten garen. Dann reichlich frisch gehackte Frühlingskräuter daruntermischen. Anstelle der Nudeln kann man auch 50 g Reis hinzufügen. Diesen allerdings 10 Minuten früher in die Suppe geben.
Ein sättigender Eintopf wird daraus, wenn man zusätzlich kleingeschnittenes gekochtes Hühnerfleisch untermischt.

GEFLÜGELCREMESUPPE MIT SHERRY

Jede Cremesuppe ist so gut wie die Brühe, aus der sie bereitet wird. Fasanen-, Enten- oder Wachtelbrühen eignen sich dabei ebenso wie die altbewährte Hühnerbrühe. Das Gemüse, das in diesen klaren Brühen gegart und anschließend damit püriert wird, läßt köstliche kalorienarme Cremesuppen entstehen.

Für 4 Personen
Zubereitungszeit: 50 Minuten

2 mittelgroße Lauchstangen
1 mittelgroße Kartoffel
40 g Butter
1 1/4 l Hühnerbrühe (siehe Rezept Seite 31)
Salz
gemahlener weißer Pfeffer
2 cl Amontillado-Sherry (medium)
4 EL geschlagene Sahne
100 g ausgelöstes Fleisch eines gekochten Suppenhuhns
etwas gemahlener Zimt

1. Den Lauch gründlich putzen und in Scheiben schneiden. Die Kartoffel schälen und in Würfel schneiden.
2. Das Gemüse in zerlassenen Butter andünsten. 2 EL Lauch herausnehmen und beiseite legen.
3. Mit der Hühnerbrühe aufgießen, salzen und pfeffern und zugedeckt bei mittlerer Hitze 20 Minuten kochen.
4. Die Brühe mit dem Gemüse pürieren und durch ein feines Sieb passieren.
5. Mit Sherry abschmecken und die Sahne unterziehen. Die Suppe auf vier Teller verteilen.
6. Das Hühnerfleisch in feine Streifen oder Würfel schneiden und als Einlage in die Suppe geben.
7. Mit wenig Zimt bestäuben und den Lauchringen garnieren.

Pro Person:
Kalorien (kcal) 324
Eiweiß (g) 9
Fett (g) 26
Kohlenhydrate (g) 10

Lauch andünsten
Sobald die Butter leicht zu schäumen beginnt, Lauchscheiben und Kartoffel hineingeben. Andünsten, mit der Hühnerbrühe aufgießen und 20 Minuten köcheln lassen.

Suppe pürieren
Brühe, Lauch und Kartoffel in der Pfanne mit einem Mixstab fein pürieren. Oder mit einer Schöpfkelle nach und nach in einen Mixer geben und ebenfalls pürieren.

Mit Sahne verfeinern
Die Suppe durch ein Spitzsieb streichen und abschmecken. Sahne unterziehen, Geflügelfleisch in Streifen schneiden und mit dem Lauch als Einlage in die Suppe geben.

FASANENCREMESUPPE MIT PILZEN

Für 4 Personen
Zubereitungszeit: 40 Minuten

- 250 g gemischte Waldpilze
- 1 Zwiebel
- 40 g Butter
- Salz
- frisch gemahlener Pfeffer
- 1 1/4 l Fasanenconsommé (siehe Seite 32)
- 2 EL Crème fraîche
- 100 g kleine Pfifferlinge
- 1 EL frisch gehackte Petersilie

1. Die Pilze putzen und kleinschneiden. Zwiebel schälen, in Würfel schneiden und in 30 g Butter glasig dünsten.
2. Die Pilze dazugeben und ebenfalls anschwitzen. Mit Salz und Pfeffer würzen, mit der Consommé aufgießen und 15 Minuten köcheln lassen.
3. Die Pilzsuppe pürieren, durch ein Sieb streichen und mit Crème fraîche verfeinern.
4. Die geputzten Pfifferlinge in der restlichen Butter anbraten und mit der Petersilie über die Suppe streuen.

Pro Person:
Kalorien (kcal) 140
Eiweiß (g) 3
Fett (g) 12
Kohlenhydrate (g) 4

ENTENCREMESUPPE MIT LINSEN

Für 4 Personen
Zubereitungszeit: 45 Minuten

- 1 1/4 l Entenconsommé (siehe Seite 32)
- 150 g kleine Linsen (Tellerlinsen)
- Salz
- frisch gemahlener Pfeffer
- 1 EL Aceto Balsamico
- 4 EL geschlagene Sahne
- 100 g gegartes Entenfleisch
- 1 EL frisch gehackte Petersilie

1. Die Entenconsommé mit den gewaschenen Linsen zum Kochen bringen und zugedeckt 20 bis 30 Minuten kochen (je nach Alter der Linsen).
2. 4 EL der gekochten Linsen beiseite legen, den Rest fein pürieren und durch ein Sieb passieren.
3. Die Suppe kurz erhitzen, mit Salz, Pfeffer und Balsamessig würzen und die Sahne unterziehen. Mit den restlichen Linsen, dem feingeschnittenen Entenfleisch und der Petersilie bestreut servieren.

Pro Person:
Kalorien (kcal) 160
Eiweiß (g) 9
Fett (g) 11
Kohlenhydrate (g) 6

Vorspeisen und Salate

Ob klassischer Geflügelsalat, raffinierte Putenröllchen im Gemüsekleid oder cremige Mousse aus Entenleber – Geflügel ist immer für eine Vorspeise gut!

GEFLÜGELSALAT AUF INDISCHE ART

Läßt man ein Suppenhuhn über 2 Stunden bei schwacher Hitze gar ziehen, entsteht nicht nur eine köstliche, gehaltvolle Brühe: Das Huhn ist dann die optimale Grundlage für einen Geflügelsalat. Vor zwanzig Jahren durfte der mit Dosen-Ananas vermischte und mit Mayonnaise angemachte »Geflügelsalat Hawai« auf keinem kalten Büfett fehlen. Mit frischen Früchten oder knackigem Gemüse kombiniert, mit einer nicht zu üppigen Sauce mariniert – so sieht Geflügelsalat von heute aus!

Für 6 bis 8 Personen
Zubereitungszeit: 40 Minuten

1 gekochtes Suppenhuhn
oder 1 Hähnchen (1,5 kg)
150 g Keniabohnen
1 kleine, vollreife Mango
1 rote Paprikaschote
50 g geröstete Erdnüsse
150 g Vollmilchjoghurt
2 EL Crème fraîche
1 cm frische Ingwerwurzel
1 Knoblauchzehe
1 Stückchen getrocknete
Pfefferschote
1 EL mildes Currypulver
Saft und Schale von
1 unbehandelten Zitrone
Salz
gemahlener weißer Pfeffer
1 EL frisch gehackte Korianderblätter (Cilantro)
einige rote Pfefferkörner

1. Das gekochte Geflügel häuten und entbeinen und das ausgelöste Fleisch in Streifen schneiden.
2. Von den Bohnen die Enden abknipsen und in kochendem Salzwasser bißfest garen. In eisgekühltem Wasser kurz abschrecken.
3. Die Mango schälen, das Fruchtfleisch in Scheiben vom Kern lösen und quer in Streifen schneiden. Die Paprikaschote waschen, halbieren, entkernen und in Streifen schneiden.
4. Hühnerfleisch, Mango, Bohnen und Paprika auf einer Platte anordnen und mit den grobgehackten Erdnüssen bestreuen.
5. Joghurt und Crème fraîche verrühren. Ingwer schälen und fein raspeln. Die Knoblauchzehe fein hacken und die Pfefferschote zerbröseln. Zusammen mit dem Curry unter die Joghurtmischung rühren und mit Zitronensaft und -schale, Salz und Pfeffer würzig abschmecken.
6. Die Marinade über den Salatzutaten verteilen und mit Cilantro und grobgehackten Pfefferkörnern bestreuen.

Pro Person:
Kalorien (kcal) 483
Eiweiß (g) 30
Fett (g) 35
Kohlenhydrate (g) 6

• Lassen Sie das Suppenhuhn am besten im Ganzen in der Brühe abkühlen. Das Enthäuten geht dann leichter und das Fleisch bleibt viel saftiger.
• Für Picknicksalate die Zutaten locker miteinander vermischen und frische Kräuter oder Salatblätter erst kurz vor dem Anrichten dazugeben!
• Die angegebene Menge reicht für 4 Personen als sättigende Mahlzeit!

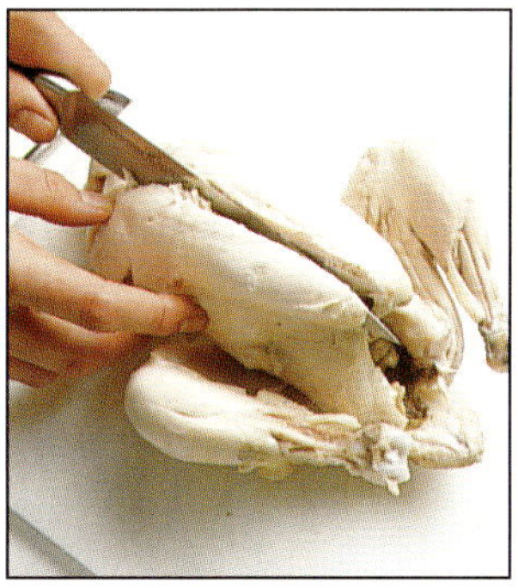

Huhn entbeinen
Das abgekühlte Geflügel häuten. Auf den Rücken legen, mit einem scharfen Messer entlang des Brustbeins einschneiden und das Brustfleisch herauslösen. Dann die Keulen abtrennen und das Fleisch vom Knochen lösen.

Hühnerfleisch schneiden
Je nach Art des Salates wird das Fleisch mit einem großen, scharfen Messer entweder in feine Streifen oder in Würfel geschnitten. Für besonders feine Salate kann das Brustfleisch auch in dünne Scheiben geschnitten werden.

Salatzutaten vorbereiten
Die geputzten Bohnen bißfest kochen. Die Mango schälen und das Fruchtfleisch in etwa 1/2 cm dicken Scheiben vom Kern schneiden. Die Paprikaschote halbieren, entkernen und wie die Mango in feine Streifen schneiden.

Salatsauce zubereiten
Joghurt und Crème fraîche mit dem Schneebesen glattrühren. Man kann auch Mayonnaise, Sauerrahm, Sahne oder Frischrahmkäse vermischen und cremig rühren. Die Sauce mit Gewürzen abschmecken.

Salat anrichten
Die Salatzutaten auf einer länglichen Platte reihenweise oder auf einer runden Platte kreisförmig anordnen. Wird der Salat sofort serviert, kann man die Platte mit Salatblättern auslegen. Den Salat mit der Sauce beträufeln.

GEFLÜGELSALATE

Natürlich kann man all diese Kreationen wie auch den Salat vom vorhergehenden Grundrezept nicht nur aus gekochten Suppenhühnern zubereiten. Reste von gebratenen Perlhühnern, Enten, Hähnchen oder vom Fasan lassen sich ebenso phantastisch mit Früchten, Gemüse, Kräutern und Gewürzen kombinieren. Folgend zur Einstimmung einige der unzähligen Möglichkeiten.

Für 4 Personen
Zubereitungszeit: 30 Minuten

1. Geflügelsalat mit exotischen Früchten
400 g Hähnchenfilet in Streifen oder Würfel schneiden. 1 Kiwi und 1 Banane in Scheiben, 150 g Ananasfruchtfleisch in Stifte und 6 frische, gehäutete Datteln längs in feine Streifen schneiden. 1 mittelgroße Lauchstange in feine Scheiben schneiden und blanchieren. Alle Zutaten locker miteinander vermischen.
Für die Sauce 1 EL Mango-Chutney, Saft von 1/2 Orange und 1 Zitrone, 3 EL Crème fraîche, 3 EL Mayonnaise, Salz, Pfeffer, Cayennepfeffer und 1 TL Curry verrühren und über dem Salat verteilen.

2. Geflügelsalat mit Trauben und Gorgonzolasauce
250 g blaue Trauben halbieren und entkernen. 400 g Hähnchenfleisch und 4 Selleriestangen in feine Streifen schneiden. Alle Zutaten locker miteinander vermischen.
Für die Sauce 100 g fein zerdrückten Gorgonzola, 1/8 l Sahne, 2 gehackte Schalotten, 1 gehackte Knoblauchzehe, 1 EL trockenen Wermut (z. B. Noilly Prat), Salz und Pfeffer miteinander verrühren und vorsichtig unter den Salat mischen. Man kann auch gebratene Hähnchenbrüstchen in feine Scheiben schneiden, Trauben und Sellerie in die Mitte geben und mit der Salatsauce beträufeln.

3. Geflügelsalat mit Zucchini, Sojasprossen und Nüssen
400 g Enten-, Hähnchen- oder Perlhuhnfleisch in Streifen schneiden. 4 mittelgroße Frühlingszwiebeln in feine Ringe schneiden. 150 g Zucchini erst der Länge nach in dünne Scheiben, dann quer in feine Streifen schneiden. Mit 150 g frischen Sojasprossen, Geflügelfleisch und Zucchinistreifen vermischen.
Für die Sauce 2 EL Sojasauce, 1 EL Aceto Balsamico, 4 EL Amontillado-Sherry (medium), 2 EL Sherry-Essig, 1/2 TL Sambal Oelek, 4 EL Sojaöl und 1 EL Nußöl miteinander verrühren. Über den Salat geben, kurz durchziehen lassen und mit 50 g grobgehackten, gerösteten Cashewnüssen bestreuen.

4. Geflügelsalat mit Pfifferlingen und Tomaten
300 g Hähnchen-, Fasanen-, Wachtel- oder Taubenfleisch in Würfel oder in dünne Scheiben schneiden. 400 g Pfifferlinge putzen und mit 1 EL gehackter Zwiebel und etwas gerebeltem Thymian in 2 EL Keimöl anbraten. Abkühlen lassen und mit 2 gehäuteten, in kleine Würfel geschnittenen Fleischtomaten unter das Geflügelfleisch mischen.
Für die Sauce 2 EL Rotweinessig, Salz und Pfeffer, 2 EL Walnußöl und 3 EL kaltgepreßtes Olivenöl miteinander verrühren. Über den Salat geben und mit reichlich frisch gehackter Petersilie bestreuen.

1

2

3

4

5. Geflügelsalat mit Nudeln, Kapern und Thunfischsauce

300 g Hähnchenfleisch in feine Streifen schneiden und mit 2 bis 3 EL kleinen Kapern und 200 g gekochten Nudeln (Farfalle, Penne) vermischen.
Für die Sauce 200 ml Sahne, 150 g eingelegten pürierten Thunfisch, Zitronensaft, Salz, Pfeffer und 1 kleine feingehackte Schalotte miteinander verrühren. Die Sauce über den Salatzutaten verteilen, gründlich vermischen und ca. 30 Minuten durchziehen lassen. Eventuell etwas Hühnerbrühe dazugießen. Mit gehackter, frischer Petersilie bestreuen.

6. Geflügelsalat mit Krabben, Avocado und Thousand Island Sauce

400 g Hähnchenbrustfilet in feine Scheiben schneiden.
1 große Avocado schälen, halbieren, entkernen und quer in Scheiben schneiden. Mit den Geflügelscheiben auf Tellern anrichten. Mit 100 g Krabben bestreuen und Zitronensaft beträufeln.
Für die Sauce 150 g winzige rote Paprikawürfel, 4 EL Salat-Mayonnaise, Salz, Pfeffer, edelsüßes Paprika, etwas Ketchup, Chilisauce und 1 bis 2 EL Orangensaft miteinander verrühren. Die Sauce über den Salatzutaten verteilen und den Salat mit hartgekochten, halbierten Wachteleiern garnieren.

7. Geflügelsalat mit Kidneybohnen und Maiskörnern

400 g Hähnchen- oder Perlhuhnfleisch in kleine Würfel schneiden. Mit 1 kleinen Dose Kidney-Bohnen, 5 EL gekochten Maiskörnern, 2 gehackten Knoblauchzehen und 2 EL Zwiebelwürfeln mischen.
Für die Sauce 3 EL Ketchup, Chili-, Paprikapulver, Salz, Pfeffer, 2 bis 3 EL Rotweinessig und 4 EL Keimöl miteinander verrühren. Die Salatzutaten mit der Marinade vermischen und mindestens 30 Minuten ziehen lassen. Mit reichlich feingeschnittenem Schnittlauch bestreuen.

8. Geflügelsalat mit Chinagemüse und asiatischem Dressing

300 g Hähnchen- oder Entenfleisch in feine Streifen schneiden. 300 g Tiefkühl-China-Gemüse in 2 EL Erdnußöl unter ständigem Rühren in einem Wok bißfest braten. Von der Kochstelle nehmen und das Geflügelfleisch daruntermischen.
Für die Sauce 1 TL flüssigen Honig, Salz, etwas Sambal Oelek, Chinagewürzmischung, 2 EL Sojasauce, 2 EL Sherry-Essig, 2 EL Fino-Sherry und 4 EL Sojaöl verrühren. Über den lauwarmen Salat gießen, mischen und mit 1 bis 2 EL gerösteten Kokosraspeln bestreuen.

ROTKOHLSALAT MIT GEBRATENER ENTENBRUST

In Verbindung mit Entenbrust wird aus dem einfachen Wintergemüse eine Vorspeise von höchstem Genuß! Das Geheimnis des köstlichen Salates: Der Kohl muß sehr fein geschnitten und sofort mit bestem Essig beträufelt werden. Kurzes Kneten macht ihn noch mürber und die rosa gebratene Entenbrust sorgt für die nötige Raffinesse!

Für 4 Personen
Zubereitungszeit: 45 Minuten

- 300 g Rotkohl
- Salz
- frisch gemahlener Pfeffer
- 1 TL Aceto Balsamico
- 1 EL Rotweinessig
- 1 EL Olivenöl, kaltgepreßt
- 1 EL Walnußöl
- 1 EL eingemachte Preiselbeeren
- 1 Entenbrust (ca. 300 g)
- 2 EL Keimöl
- 1 aromatischer Apfel, z. B. Boskop

1. Den Rotkohl hobeln oder mit einem scharfen Messer in feine Streifen schneiden.
2. Salz, Pfeffer und die beiden Essigsorten so lange verrühren, bis sich das Salz gelöst hat. Unter weiterem Rühren die Öle dazugießen.
3. Die Marinade über den Kohlstreifen verteilen und mit den Händen kurz, aber kräftig durchkneten. Die Preiselbeeren untermischen und den Salat durchziehen lassen.
4. Die Entenbrust im heißen Öl, dann im Ofen braten. Kurz ruhen lassen.
5. Den Apfel schälen, achteln, entkernen und im Bratfett anbraten.
6. Die Entenbrust in dünne Scheiben schneiden und mit den Apfelspalten auf dem Salat anrichten.

Pro Person:
Kalorien (kcal) 320
Eiweiß (g) 15
Fett (g) 24
Kohlenhydrate (g) 7

Entenbrust anbraten
Das Öl in einer Pfanne mit feuerfesten Griffen erhitzen. Die Entenbrust salzen und pfeffern und mit der Hautseite im heißen Fett 2 bis 3 Minuten scharf anbraten.

Entenbrust fertiggaren
Die Brust wenden und zugedeckt bei mittlerer Hitze 8 bis 10 Minuten braten. Im auf 220° C vorgeheizten Backofen bei offener Pfanne in 10 Minuten knusprig braten.

Entenbrust aufschneiden
Die Brust herausnehmen und einige Minuten ruhen lassen. Die Apfelspalten im Bratfett der Ente anbraten. Die Brust mit einem scharfen Messer schräg in dünne Scheiben schneiden.

Gebratene Wachtelbrüstchen oder Entenlebern schmecken ebenfalls auf Rotkohlsalat vorzüglich!

1. Pilzsalat mit gebratener Perlhuhnbrust
500 g Pfifferlinge oder Steinpilze putzen und halbieren oder vierteln. Zusammen mit 2 EL Zwiebelwürfeln in 2 EL Traubenkernöl anbraten und mit Salz und Pfeffer würzen. 1 EL gehackte Petersilie, 1 EL Himbeeressig und weitere 2 EL Öl untermischen und beiseite stellen. 2 ausgelöste Perlhuhnbrustfilets salzen und pfeffern und in 2 EL erhitztem Keimöl von jeder Seite 3 bis 4 Minuten braten. Einige Minuten ruhen lassen, in Scheiben schneiden und auf dem Salat anrichten.

2. Löwenzahnsalat mit gebratener Hähnchenleber
300 g Löwenzahn putzen, auseinanderpflücken und waschen. 2 mittelgroße gekochte Kartoffeln schälen, in kleine Würfel schneiden und mit dem abgetropften Löwenzahn vermischen. Salz, Pfeffer und 2 EL Weißweinessig so lange verrühren, bis sich das Salz gelöst hat. 2 Eigelb, 1 TL Senf, 1 EL Walnuß- und 2 EL Olivenöl darunterrühren und 2 EL Crème fraîche unterziehen. 200 g Hähnchenlebern in 2 EL heißem Keimöl 4 bis 5 Minuten scharf anbraten. Mit Salz und Pfeffer würzen, etwas abkühlen lassen und den angemachten Salat damit belegen.

3. Chicoréesalat mit marinierter Hähnchenbrust
2 Hähnchenbrüstchen einige Stunden in 4 EL Fino-Sherry, 2 EL Sojasauce, je 1/2 TL Speisestärke und Curry und etwas geraspeltem Ingwer marinieren. 4 Chicoréestauden putzen und die Blätter ablösen. 4 EL Crème fraîche, 1 TL Curry, Salz, Pfeffer und den Saft von 1 Zitrone verrühren. 1 säuerlichen Apfel schälen, halbieren, entkernen und in kleine Würfel schneiden. Unter die Salatsauce mischen. Die Brüstchen in 2 EL erhitztem Keimöl pro Seite 3 bis 4 Minuten braten. Ruhen lassen, dann in Scheiben schneiden. Auf den Chicoréeblättern anrichten und mit der Sauce beträufeln.

4. Bohnensalat mit gebratenen Wachtelbrüstchen
400 g junge, grüne Bohnen putzen und in kochendem Salzwasser bißfest garen. In Eiswasser abschrecken und mit einer Marinade aus Salz, Pfeffer, 2 EL Weinessig und 5 EL kaltgepreßtem Olivenöl anmachen. Zum Schluß 1 EL Schalottenwürfel und 1 EL gehackte Petersilie daruntermischen. Von 4 Wachteln die Brustfilets auslösen, salzen, pfeffern und in 2 EL erhitztem Keimöl 6 bis 8 Minuten rundherum scharf anbraten. Kurz ruhen lassen, auf dem Bohnensalat anrichten und mit gehackten Walnüssen bestreuen.

Aus den Wachtelkarkassen kann, wie auf Seite 33 beschrieben, eine Essenz zubereitet werden.

1

2

3

4

GÄNSEWEISS-SAUER

Bei der Zubereitung einer Weihnachtsgans wird das Gänseklein oftmals nicht mitverwendet. In Pommern ließ man sich dafür ein spezielles Gericht einfallen: Man bereitet aus dem Gänseklein eine hervorragende Sülze zu. Oftmals reichert man diese mit dem übriggebliebenen Fleisch des Gänsebratens an. Da man auch einzelne Teile einer Gans kaufen kann, ist es ratsam, gleich zwei Gänsekeulen mitzukochen, damit die Sülze etwas üppiger wird.

Für 6 Personen
Zubereitungszeit: 3 Stunden
Kühlzeit: 5 bis 6 Stunden

Gänseklein von 1 Gans (Hals, Kopf, Flügel, Magen)
1 Kalbsfuß, in 4 Stücke geteilt
2 Schweinefüße
3 l Wasser
2 Bund Suppengrün
einige Pfefferkörner
1 Zwiebel
2 Lorbeerblätter
1 Thymianzweig
Salz
2 Gänsekeulen
ca. 1/8 l Weißweinessig
1 Essiggurke
1 hartgekochtes Ei

1. Gänseklein, Kalbsfuß sowie Schweinefüße sehr gründlich waschen und in einen großen Kochtopf geben. Mit kaltem Wasser begießen und langsam zum Kochen bringen.
2. Suppengrün, Pfefferkörner, Zwiebel, Kräuter und Salz dazugeben und aufkochen. Die gewaschenen Gänsekeulen hineingeben und bei geringer Hitze etwa 2 Stunden köcheln lassen.
3. Gänseklein, -keulen sowie Kalbs- und Schweinefüße aus dem Topf nehmen und die Brühe durch ein Sieb gießen. Die Gänsebrühe erneut zum Kochen bringen und auf ca. 1 1/4 Liter einkochen lassen.
4. Das Gänsefleisch ablösen, in Würfel schneiden und dabei das Fett entfernen.
5. Die Gänsebrühe mit Essig und Salz herzhaft würzen, anschließend kalt stellen und entfetten.
6. In 6 Schalen jeweils etwas von der leicht abgekühlten Gänsebrühe gießen und im Kühlschrank erstarren lassen.
7. Gurke und Ei in Scheiben schneiden und das Gelee damit belegen. Das Gänsefleisch darauf verteilen und mit einem Löffel die restliche Brühe darüber verteilen. Im Kühlschrank einige Stunden fest werden lassen.

Pro Person:
Kalorien (kcal) 454
Eiweiß (g) 20
Fett (g) 38
Kohlenhydrate (g) 0

• Falls die Gänsebrühe trüb geworden ist, mit verquirltem Eiweiß klären.
• Einfacher ist es, die Gänsesülze mit Gelatine herzustellen (6 Blatt auf 1/2 l Flüssigkeit). Wer allerdings bereits eine echte Sülze aus Kalbs- und Schweinefüßen gegessen hat, weiß, die Mühe lohnt sich!

HÄHNCHENSÜLZE

Die leichte Version der Gänsesülze ist die Hähnchensülze. Ob als Vorspeise oder als kalorienarme Sommermahlzeit – sie entspricht genau der Vorstellung von moderner Ernährungsweise. Hähnchen- oder Putensülze gibt es heute schon in fast jedem Supermarkt – aber am besten schmeckt sie immer noch selbstgemacht!

Für 8 Personen
Zubereitungszeit:
2 Stunden 30 Minuten
Kühlzeit: einige Stunden

1 Kalbsfuß, in 4 Stücke geteilt
2 1/2 l Wasser
1 Hähnchen (1,2 kg), ohne Innereien
1 Bund Suppengrün
1 TL Senfkörner
1 TL Pfefferkörner
Salz
2 kleine Zucchini
1 Bund gemischte Frühlingskräuter
4 Blatt weiße Gelatine
4 bis 5 EL Weißweinessig
einige Kerbelzweige

1. Kalbsfußstücke waschen, in einen Topf geben, mit kaltem Wasser bedecken und langsam zum Kochen bringen. 45 Minuten bei schwacher Hitze kochen. Dann das Hähnchen waschen und mit Suppengrün und Gewürzen dazugeben und etwa 1 Stunde garen.
2. Das Hähnchen aus dem Topf nehmen und abkühlen lassen. Die Brühe durch ein Sieb gießen und auf 1 l einkochen.
3. Das Hähnchen häuten und entbeinen. Das Geflügelfleisch in schmale Streifen schneiden.
4. Die Zucchini waschen und erst der Länge nach in dünne Scheiben, dann quer in feine Streifen schneiden. Wenige Minuten in kochendem Salzwasser blanchieren, in eisgekühltem Wasser abschrecken. Auf einem Sieb abtropfen lassen und mit den gehackten Kräutern mischen.
5. Die Gelatine in kaltem Wasser einweichen, ausdrücken und in der heißen Hühnerbrühe auflösen. Die Brühe mit Essig abschmecken.
6. Eine Kastenform von 1 1/2 l Inhalt 1/2 cm hoch mit der Geflügelbrühe ausgießen und im Kühlschrank fest werden lassen.
7. Einige Kerbelzweige auf dem Gelee anordnen. Die Hälfte des Hühnerfleisches darauf verteilen, mit der abgekühlten Brühe bedecken und erstarren lassen.
8. Dann die Zucchini-Kräuter-Mischung daraufgeben, erneut mit Brühe begießen und kalt stellen.
9. Zum Schluß mit dem restlichen Hühnerfleisch bedecken und mit der Brühe auffüllen. Die Sülze einige Stunden kalt stellen.
10. Mit einem heiß abgespülten Messer in Scheiben schneiden und auf einem Salatbett anrichten.

Pro Person:
Kalorien (kcal) 190
Eiweiß (g) 27
Fett (g) 7
Kohlenhydrate (g) 1

PUTENRÖLLCHEN IM LAUCHMANTEL

Die Devise für eine optimale Vorspeise lautet: Den ersten Hunger stillen, aber keinesfalls den Appetit auf das Hauptgericht nehmen. Für diese zarten Putenröllchen und die zahlreichen Variationen trifft das auf jeden Fall zu. Falls Sie sich aber daran satt essen möchten: Die doppelte Menge ergibt eine Hauptmahlzeit!

Für 4 Personen
Zubereitungszeit: 35 Minuten

- 1 dicke Lauchstange
- Salz
- 2 Schalotten
- 100 g Shiitake-Pilze
- 50 g roher Schinken
- 20 g Butter
- frisch gemahlener Pfeffer
- 1 EL gehackte Petersilie
- 1 EL geriebener Käse, z. B. Emmentaler
- 4 Putenschnitzel (je ca. 60 g)
- 1 TL Keimöl
- 1/8 l Sahne
- 1 TL Zitronensaft
- 1 EL gehackte Frühlingskräuter

1. Von der Lauchstange die Wurzeln und das hintere grüne Ende entfernen. Die Stange der Länge nach einschneiden, die Blätter einzeln ablösen und waschen. Es werden 8 Blätter benötigt.
2. Reichlich Salzwasser in einem großen, breiten Topf zum Kochen bringen und die Lauchblätter 2 bis 3 Minuten blanchieren. In eisgekühltem Wasser abschrecken und auf einem Küchentuch ausbreiten.
3. Die Schalotten schälen und die Pilze putzen. Beides ebenso wie den Schinken in kleine Würfel schneiden.
4. Die Butter in einer Pfanne erhitzen und die Hälfte der Schalottenwürfel darin glasig dünsten. Schinken und Pilze dazugeben und so lange braten, bis die Flüssigkeit verdampft ist. Von der Kochstelle nehmen, salzen, pfeffern und Petersilie und Käse daruntermischen.
5. Die Schnitzel mit der glatten Seite eines Fleischklopfers flachkopfen.
6. Jeweils 2 Lauchblätter der Länge nach leicht überlappend nebeneinander legen. Dann die Putenscheiben darauflegen und mit Füllung bestreichen. Die Längsseiten der Lauchblätter etwas einschlagen. Die Lauchblätter mit den Schnitzeln von der Schmalseite her aufrollen.
7. Die Putenröllchen in ein Bambuskörbchen oder in den Siebeinsatz legen und bei geschlossenem Deckel in 6 bis 8 Minuten gar dämpfen.
8. Die restlichen Schalottenwürfel in Öl anschwitzen, die Sahne dazugießen und bei starker Hitze sämig einkochen. Mit Salz, Pfeffer und Zitronensaft würzen. Die Kräuter untermischen und die Röllchen mit der Sauce beträufeln.

Pro Person:
Kalorien (kcal) 308
Eiweiß (g) 18
Fett (g) 23
Kohlenhydrate (g) 4

Man kann diese Röllchen und die Variationen auf der nächsten Seite auch im Dampfdrucktopf bei Schonstufe aromaschonend garen.

Blätter vorbereiten
Vom Lauch das untere und obere Ende abschneiden. Die Lauchstange der Länge nach vorsichtig einschneiden und die einzelnen Blätter ablösen.

Blätter blanchieren
In einem großen Topf Salzwasser zum Kochen bringen und die Blätter portionsweise 2 bis 4 Minuten blanchieren. Mit einem Schaumlöffel aus dem Wasser heben, abtropfen lassen und in eine Schüssel mit eisgekühltem Wasser geben.

Füllung vorbereiten
Geschälte Schalotten, geputzte Pilze und Schinken in Würfel schneiden oder mit einem Wiegemesser zerkleinern. Die Butter in einer Pfanne erhitzen und alles darin anbraten, bis jegliche Flüssigkeit verdampft ist. Würzen, Petersilie und Käse hinzufügen.

Blätter füllen
Je 2 Lauchblätter längs nebeneinander ausbreiten. Die Blätter sollen sich leicht überlappen. Fleisch darauflegen und mit der Füllung bestreichen. Die Längsseiten der Blätter einschlagen und mit dem Schnitzel von der Schmalseite her aufrollen.

Röllchen garen
Die Röllchen nebeneinander in ein Bambuskörbchen oder einen Siebeinsatz legen. In einen passenden Topf zwei Finger breit Wasser einfüllen und erhitzen. Die Röllchen darin zugedeckt über Dampf 6 bis 8 Minuten garen.

PUTEN-LAUCH-RÖLLCHEN MIT MÖHRENFÜLLUNG

Für 4 Personen
Zubereitungszeit: 25 Minuten

- 8 abgelöste Lauchblätter
- Salz
- 4 Putenschnitzel (je ca. 60 g)
- 2 große Möhren
- 1 Schalotte
- 1 EL Nußöl
- 2 EL gehackte Erdnüsse
- 1 EL Sojasauce
- China-Gewürzmischung

1. Die Lauchblätter vorbereiten und mit den Putenschnitzeln belegen.

2. Die geputzten Möhren fein raspeln, die Schalotte schälen und in Würfel schneiden und beides im erhitzten Öl anschwitzen. Die gehackten Nüsse daruntermischen und mit Sojasauce und der Gewürzmischung abschmecken.

3. Die Putenschnitzel mit der Füllung bestreichen und, wie im Grundrezept beschrieben, aufrollen und über Dampf 6 bis 8 Minuten garen.

Pro Person:
Kalorien (kcal) 185
Eiweiß (g) 16
Fett (g) 9
Kohlenhydrate (g) 8

PUTENRÖLLCHEN IN SALATHÜLLE

Für 4 Personen
Zubereitungszeit: 15 Minuten

- 12 große Kopfsalatblätter
- Salz
- 4 Putenschnitzel (je 60 g)
- frisch gemahlener Pfeffer
- 150 g Kräuter-Frischkäse

1. Die Salatblätter sehr kurz in reichlich kochendem Salzwasser blanchieren, in kaltem Wasser abschrecken und jeweils 2 Blätter übereinanderlegen.

2. Die Schnitzel flachklopfen, salzen und pfeffern und mit dem Frischkäse bestreichen.

3. Die Fleischscheiben auf die ausgebreiteten Salatblätter legen. Die Längsseiten der Blätter einschlagen und von der Schmalseite her aufrollen. Mit je 1 weiteren Salatblatt umhüllen und über Dampf 3 bis 4 Minuten garen.

Pro Person:
Kalorien (kcal) 196
Eiweiß (g) 19
Fett (g) 12
Kohlenhydrate (g) 1

PUTENRÖLLCHEN MIT KRABBEN IN CHINAKOHLHÜLLE

Für 4 Personen
Zubereitungszeit: 20 Minuten
Marinierzeit: 30 Minuten

4 Putenschnitzel (je 60 g)
4 cl Reiswein
1 EL Sojasauce
4 Chinakohlblätter, Salz
150 g Krabben
1 TL Zitronensaft
etwas geraspelter Ingwer
1 EL fein geschnittener Dill
80 g Doppelrahm-Frischkäse
Zum Servieren:
Sojasauce

1. Die Putenschnitzel etwa 30 Minuten in Reiswein und Sojasauce einlegen.
2. Die Chinakohlblätter kurz in kochendem Salzwasser blanchieren und abtropfen lassen.
3. Die Krabben grob hacken, mit Zitronensaft und Ingwer würzen und mit Dill und dem Frischkäse vermischen. Gleichmäßig auf den marinierten Fleischscheiben verteilen.
4. Die Schnitzel auf die Chinakohlblätter legen, die Längsseiten einschlagen und von der Schmalseite her aufrollen. Über Dampf 3 bis 4 Minuten garen. Mit der Sojasauce servieren.

Pro Person:
Kalorien (kcal) 200
Eiweiß (g) 23
Fett (g) 10
Kohlenhydrate (g) 2

PUTEN-MANGOLD-RÖLLCHEN MIT THUNFISCHFÜLLE

Für 4 Personen
Zubereitungszeit: 20 Minuten

8 große Mangoldblätter
Salz
150 g eingelegter Thunfisch
1 EL Zwiebelwürfel
1 TL gehackte Kapern
1 EL gehackte Petersilie
1 EL Crème fraîche
frisch gemahlener Pfeffer
4 Putenschnitzel (je 60 g)

1. Die Mangoldblätter kurz in kochendem Salzwasser blanchieren, in kaltem Wasser abschrecken und jeweils 2 Blätter übereinanderlegen.
2. Den Thunfisch mit der Gabel fein zerdrücken und mit Zwiebeln, Kapern, Petersilie und Crème fraîche verrühren. Mit Salz und Pfeffer würzen.
3. Die Putenschnitzel auf die Mangoldblätter legen und mit Thunfischcreme bestreichen.
4. Die Längsseiten der Blätter einschlagen und von der Schmalseite her aufrollen. Über Dampf 4 bis 5 Minuten garen.

Pro Person:
Kalorien (kcal) 220
Eiweiß (g) 23
Fett (g) 12
Kohlenhydrate (g) 2

HÄHNCHEN-PAKORA

Pakora ist eine typisch indische Vorspeise. Vorbereitete Gemüse- oder Geflügelteile werden in einen Ausbackteig aus Kichererbsenmehl getaucht und mit einer sehr scharfen Sauce serviert. Für unseren Gaumen ist ein süß-saures Mango-Chutney meist empfehlenswerter!

Für 4 Personen
Zubereitungszeit: 30 Minuten
Marinierzeit: 8 Stunden

3 Hähnchenbrusthälften
(je 150 g)
1 cm frische Ingwerwurzel
1 gehackte Knoblauchzehe
1 Msp gemahlener Koriander
1 Msp gemahlene Gewürznelke
1 Msp gemahlener Kardamom
1 TL mildes Currypulver
frisch gemahlener Pfeffer
300 g Vollmilch-Joghurt
Für den Ausbackteig:
100 g Kichererbsenmehl
Salz
2 kleine Eier
2 EL Zitronensaft
Ausbackfett
Zum Servieren:
Mango-Chutney
oder scharfe, indische Sauce

1. Die Hähnchenbrustfilets häuten und in mundgerechte Würfel schneiden.
2. Den Ingwer schälen, fein raspeln und mit Knoblauch und den Gewürzen unter den Joghurt rühren. Die Hähnchenwürfel daruntermengen und zugedeckt im Kühlschrank mindestens 8 Stunden marinieren.
3. Kurz vor der Zubereitung das Kichererbsenmehl in eine Schüssel geben und salzen. Unter Rühren die Eier und den Zitronensaft dazugeben und zu einem dickflüssigen Teig verarbeiten.
4. Das Ausbackfett in einer Friteuse auf 180° C erhitzen. Die Hähnchenwürfel in den Teig tauchen, abtropfen lassen und in 4 bis 5 Minuten im heißen Fett goldbraun und knusprig fritieren.
5. Mit einem Schaumlöffel herausheben und auf Küchenpapier abtropfen lassen. Mit Mango-Chutney oder einer scharfen, indischen Sauce servieren.

Pro Person:
Kalorien (kcal) 256
Eiweiß (g) 34
Fett (g) 7
Kohlenhydrate (g) 10

Äußerst schmackhaft, aber natürlich wesentlich kalorienreicher sind auf gleiche Weise marinierte und in Fett ausgebackene Entenbrustwürfel.

FRITIERTE GEFLÜGELBÄLLCHEN

Für diese Appetithäppchen sind Reste von gekochtem Suppenhuhn oder Putenbraten sehr gut geeignet. Die Geflügelbällchen schmecken aber so fein, daß sich auch der Kauf eines fertigen Grillhähnchens lohnt. Und wenn es ganz besonders raffiniert werden soll, sollten Sie geräucherte Hähnchen- oder Putenbrust verwenden.

Für 4 Personen
Zubereitungszeit: 1 Stunde

- 400 g Kartoffeln
- 500 g gegartes Geflügelfleisch
- 1 Zwiebel
- 1 Bund Petersilie
- frisch gemahlener Pfeffer
- Salz
- frisch geriebene Muskatnuß
- 2 mittelgroße Eier
- Ausbackfett
- 2 EL Sesamsamen
- 2 EL Paniermehl

Zum Anrichten:

- einige Salatblätter
- 6 Cocktailtomaten

1. Die Kartoffeln waschen und mit der Schale in 20 Minuten gar kochen. Abdampfen lassen und sofort schälen.
2. Das Geflügelfleisch in kleine Stücke teilen und mit den noch heißen Kartoffeln durch einen Fleischwolf drehen.
3. Die Zwiebel schälen und in kleine Würfel schneiden, die Petersilie fein hacken. Beides zu der Kartoffel-Geflügel-Mischung geben. Mit Pfeffer, Salz und Muskat würzen und nach und nach die Eier darunterrühren.
4. Das Ausbackfett in einer Friteuse auf 180° C erhitzen.
5. Mit angefeuchteten Händen aus dem Teig kleine Bällchen formen. Sesamsamen und Paniermehl in einem tiefen Teller vermischen und die Bällchen darin wenden.
6. Dann portionsweise in der Friteuse in etwa 5 Minuten goldbraun backen. Mit einem Schaumlöffel herausheben und auf einem Küchenpapier abtropfen lassen.
7. Die Kugeln auf Salatblättern anrichten und mit halbierten Cocktailtomaten garnieren.

Pro Person:
Kalorien (kcal) 330
Eiweiß (g) 33
Fett (g) 11
Kohlenhydrate (g) 20

Mit einem Stück Käse oder einer Olive gefüllt, werden daraus »Überraschungs-Bällchen«.

MOUSSE VON ENTENLEBER

Vergessen sind aufwendige Terrinen und Pasteten, wenn man nur einmal die köstlichen Geflügellebercremes probiert hat. Wahre Delikatessen, die unglaublich rasch zubereitet sind und somit zu einem Geheimtip für jeden Feinschmecker werden, dessen Zeit knapp bemessen ist.

Für 4 Personen
Zubereitungszeit: 20 Minuten
Kühlzeit: 3 bis 4 Stunden

300 g frische Entenlebern
1 kleiner aromatischer Apfel
1 EL Keimöl
20 g Butter
1 EL Schalottenwürfel
1 EL gehackte Petersilie
etwas gerebelter Thymian
2 cl Calvados
50 g weiche Butterflöckchen
Zum Servieren:
Weißbrot

1. Die Entenlebern säubern, waschen, trockentupfen und größere Stücke halbieren.
2. Apfel schälen, halbieren, entkernen und in kleine Würfel schneiden.
3. Öl und Butter in einer beschichteten Pfanne erhitzen und die Lebern bei geringer Hitze 5 Minuten andünsten, sie dürfen keinesfalls bräunen.
4. Herausnehmen und die Schalotten- und Apfelwürfel in das Bratfett geben. Kräuter dazugeben und kurz anrösten.
5. Mit Calvados ablöschen, etwas einkochen lassen und gemeinsam mit den Lebern pürieren.
6. Durch ein sehr feines Sieb streichen und unter Rühren die Butter dazugeben. Würzig abschmecken, in eine Form füllen und einige Stunden im Kühlschrank erkalten lassen. Gut gekühlt Nocken abstechen und mit Weißbrot reichen.

Pro Person:
Kalorien (kcal) 290
Eiweiß (g) 17
Fett (g) 21
Kohlenhydrate (g) 4

Leber anbraten
Lebern säubern und größere Teile halbieren. Butter und Öl erhitzen und die Lebern darin 5 Minuten bei schwacher Temperatur andünsten. Sie sollen innen noch leicht rosa sein.

Farce herstellen
Lebern aus der Pfanne nehmen. Apfel, Schalotten und Kräuter in dem Bratfett andünsten. Mit Calvados aufgießen, ein wenig einkochen lassen und mit den Lebern im Mixer fein pürieren.

Mousse fertigstellen
Das Püree durch ein Haarsieb streichen und abkühlen lassen. Dann die warme Butter oder Frischkäse oder Sahne in kleinen Mengen unterschlagen, würzen und kalt stellen.

Wenn es in der Weihnachtszeit frische Gänseleber gibt, versuchen Sie dieses Rezept damit – oder eine der Variationen!

1. Entenlebercreme mit Trüffel

300 g gesäuberte Entenlebern in 1 EL Keimöl und 20 g Butter 4 bis 5 Minuten andünsten. Mit 2 cl Cognac ablöschen, etwas einkochen lassen und mit Salz und Pfeffer würzen. Im Mixer pürieren und durch ein Haarsieb streichen. Das Püree etwas abkühlen lassen, 2 EL Crème fraîche und 50 g Butter darunterarbeiten. 1 kleine eingelegte Trüffel in winzige Würfel schneiden und mit der Einlegflüssigkeit unter die Creme mischen. Nochmals mit Salz und Pfeffer würzen. In eine hübsche Form füllen und kalt stellen.

2. Geflügellebercreme mit Oliven

500 g gesäuberte Geflügellebern in 40 g erhitzter Butter andünsten. 1 EL Zwiebelwürfel, 1 gehackte Knoblauchzehe und 1/2 TL gerebelten Thymian dazugeben und mit 4 cl Madeira aufgießen. Etwas einkochen lassen und im Mixer fein pürieren. Sofort durch ein Haarsieb streichen und etwas abkühlen lassen. 200 g Doppelrahm-Frischkäse nach und nach unter das Leberpüree rühren. 12 entkernte, schwarze Oliven in winzige Würfel schneiden. Mit 1 EL frisch gehackter Petersilie unter die Creme mischen, herzhaft abschmecken und kalt stellen. Mit knusprigem Weißbrot servieren.

3. Herzhafte Geflügellebercreme

300 g Geflügellebern säubern und in 20 g Schweineschmalz 4 bis 5 Minuten andünsten. Herausnehmen und 50 g Räucherspeckwürfel sowie 2 EL Zwiebelwürfel in das Bratfett geben. 1 TL Dijon-Senf und 1 TL gerebelten Majoran dazugeben. Mit 100 ml trockenem Weißwein aufgießen und etwas einkochen lassen. Mit den gebratenen Lebern im Mixer fein pürieren und die Creme durch ein Sieb streichen. Sobald das Püree etwas abgekühlt ist, nach und nach 40 g Schweineschmalz darunterrühren und mit 1/2 TL grobgehackten grünen Pfefferkörnern und Salz herzhaft abschmecken.

4. Hühnercreme mit Kapern

300 g gegartes Fleisch eines Suppenhuhns oder eines Grillhähnchens in kleine Stücke schneiden und im Mixer fein pürieren. In eine Schüssel geben und mit 2 bis 3 EL Crème fraîche verrühren. Je 1 feingehackte Knoblauchzehe, Zwiebel und Essiggurke hinzufügen und mit Salz, Pfeffer und etwas Zitronensaft würzig abschmecken. Zum Schluß 1 EL kleine Kapern und 1 EL gehackte Petersilie daruntermischen. Gut gekühlt mit Bauernbrot servieren.

1

2

3

4

Geflügel aus Pfanne und Wok

Für Feinschmecker mit wenig Zeit gibt's nur eins: eine gute Pfanne oder einen Wok, feines Geflügelfleisch und ein bißchen Phantasie! Hier finden Sie viele klassische Gerichte und köstliches Fernöstliches.

GEFÜLLTE HÄHNCHEN-BRÜSTCHEN

Die Zubereitungsmöglichkeiten für Hähnchenbrüstchen sind unbegrenzt. Das zarte Fleisch paßt sich harmonisch fast jeder Zutat an. Nur eines bekommt ihnen nicht: zu lange Garzeit! Dadurch werden sie trocken, zäh und faserig.

Für 4 Personen
Zubereitungszeit: 30 Minuten

- 500 g junger Spinat
- Salz
- frisch geriebene Muskatnuß
- 4 Hähnchenbrustfilets (je 150 g)
- gemahlener weißer Pfeffer
- 150 g (Büffel-) Mozzarella
- 2 Eier
- 30 g Cornflakes oder
- 4 EL Paniermehl
- 2 EL Mehl
- 30 g Butter
- 2 EL Keimöl

1. Die Spinatblätter verlesen, waschen und tropfnaß in einem großen Topf bei starker Hitze zusammenfallen lassen. Mit Salz und Muskat würzen und einige Minuten sanft köcheln lassen. Von der Kochstelle nehmen, auf ein Sieb schütten und abtropfen lassen.
2. Die Hähnchenbrusthälften häuten und waschen. In jede Filethälfte mit einem sehr scharfen Messer eine Tasche einschneiden und mit Salz und Pfeffer würzen.
3. Mozzarella in kleine Würfel schneiden und unter den abgekühlten Spinat mischen.
4. In jede Tasche etwas von der Spinat-Käse-Füllung geben und die Öffnung mit einem Zahnstocher zustecken.
5. Die Eier mit einer Gabel verquirlen. Die Cornflakes in eine Plastiktüte geben und mit einem Nudelholz zerkleinern.
6. Die Hähnchenbrüstchen zuerst in Mehl, dann im Ei und zum Schluß in den Cornflakes oder Paniermehl wenden. Die Panade gut festdrücken.
7. Butter und Öl erhitzen und die gefüllten Hähnchenbrusthälften bei mittlerer Hitze knapp 10 Minuten braten.

Pro Person:
Kalorien (kcal) 450
Eiweiß (g) 47
Fett (g) 23
Kohlenhydrate (g) 7

• Diese und die nachfolgenden Rezeptideen können auch mit Putenschnitzel zubereitet werden.
• Lassen Sie sich gleich vom Metzger eine Tasche in die Schnitzel schneiden.

Füllung vorbereiten
Den Spinat verlesen, waschen und tropfnaß in einen Topf geben. Bei starker Hitze im geschlossenen Topf in wenigen Minuten zusammenfallen lassen. Zum Abtropfen in ein Sieb geben. Abgekühlt mit dem in kleine Würfel geschnittenen Käse vermischen.

Tasche einschneiden
Die Hähnchenbrustfilets häuten. Mit einem scharfen Messer der Länge nach eine Tasche einschneiden. Darauf achten, daß das gegenüberliegende Ende nicht durchgeschnitten wird. Am besten geht es, wenn das Fleisch gut gekühlt ist.

Füllen
Die Tasche aufklappen und die Füllung hineingeben – aber keinesfalls zu viel, da sie sonst herausquillt. Die Taschen schließen und mit einem Zahnstocher zusammenstecken oder einem Küchengarn zunähen.

Panieren
Grundsätzlich das Fleisch immer erst in Mehl und erst dann in den verquirlten Eiern wenden. Als äußere Hülle können, neben Paniermehl und Cornflakes, auch Sesamsamen oder gehackte Nüsse verwendet werden. Die Panade sehr gut festdrücken.

Goldbraun braten
Das Fett in einer beschichteten Pfanne bei mittlerer Temperatur erhitzen. Die Brustfilets hineinlegen und 3 bis 4 Minuten anbraten. Vorsichtig wenden, die Temperatur ein wenig reduzieren und die zweite Seite in 4 bis 5 Minuten goldbraun braten.

UMHÜLLTE UND GEFÜLLTE HÄHNCHENBRÜSTCHEN

Das delikate, eiweißreiche Fleisch kauft man entweder als ganze Brust mit Knochen und Haut oder bereits ausgelöst als Hähnchenbrustfilet. Alle Rezepte auf dieser Seite sind für 4 Hähnchenbrustfilets oder 4 Putenschnitzel (je ca. 150 g) berechnet.

Für 4 Personen
Zubereitungszeit:
20 bis 30 Minuten

1. Salbei-Schinken-Füllung
In die Hähnchenfilets, wie im Grundrezept beschrieben, eine Tasche einschneiden und mit Salz und Pfeffer würzen. In jede Öffnung 1 dünne Scheibe Parmaschinken und 2 Salbeiblätter legen. Die Öffnung mit einem Zahnstocher zustecken und das Fleisch in Mehl wenden. In 3 EL Olivenöl auf jeder Seite 3 bis 4 Minuten braten. Die Hähnchenfilets herausnehmen, den Bratenfond mit 2 cl Madeira und 1/8 l Hühnerbrühe ablöschen und sämig einkochen. Von der Kochstelle nehmen und 40 g kalte Butter in kleinen Flöckchen unter die Sauce schlagen. Über den Hähnchenfilets verteilen und mit Weißbrot servieren.

2. Mandelumhüllung und Traubensauce
Die Hähnchenfilets salzen und pfeffern. Zuerst in Mehl, dann in 2 verquirlten Eiern und zum Schluß in 100 g Mandelblättchen wenden. Die Panade gut festdrücken und die Hähnchenfilets in 40 g Butter auf jeder Seite 3 bis 4 Minuten braten. Herausnehmen und warm stellen. Dann 200 ml frisch gepreßten Orangensaft in das Bratfett gießen und bei starker Hitze sämig einkochen. 300 g grüne Weintrauben waschen, halbieren und falls nötig entkernen. In die Sauce geben und kurz darin erhitzen. Mit frisch gemahlenem Pfeffer würzen und zu den Hähnchenfilets reichen.

3. Schinken und Käse
In die Hähnchenfilets, wie im Grundrezept beschrieben, eine Tasche einschneiden und mit Salz und Pfeffer würzen. Die Taschen mit je 1 Scheibe Kochschinken auskleiden und darauf 1 Scheibe Butterkäse legen. Die Öffnungen fest zusammendrücken und mit einem Zahnstocher zusammenstecken. Zuerst in Mehl, dann in 2 verquirlten Eiern und zum Schluß in Paniermehl wenden. Die Panade gut festdrücken. 40 g Butter und 1 EL Keimöl erhitzen und die Hähnchenfilets 3 bis 5 Minuten anbraten, wenden und in 4 bis 5 Minuten bei mittlerer Hitze fertigbraten.

4. Pilzfüllung
200 g Pfifferlinge fein hacken und mit 1 EL Zwiebelwürfel und 1 gehackten Knoblauchzehe in 20 g Butter andünsten. Mit Salz und Pfeffer würzen und 1 EL gehackte Petersilie untermischen. Etwas abkühlen lassen und in die vorbereiteten Taschen der gewürzten Hähnchenfilets füllen, wie im Grundrezept beschrieben. Die Öffnungen mit je einem Zahnstocher zusammenstecken. Zuerst in Mehl, dann in 2 verquirlten Eiern und zum Schluß in gehackten Sonnenblumenkernen wenden. Die Panade gut festdrücken und die Hähnchenfilets in 4 EL Sonnenblumenöl auf jeder Seite 3 bis 4 Minuten anbraten, wenden und in 4 bis 5 Minuten fertigbraten.

1

3

2

4

7

8

5. Gorgonzolafüllung
In die Hähnchenfilets, wie im Grundrezept beschieben, eine Tasche einschneiden und mit Salz und Pfeffer würzen. Je eine Scheibe Gorgonzola (je 30 g) in die Taschen legen und die Öffnungen mit einem Zahnstocher zusammenstecken. Zuerst in Mehl, dann in 2 verquirlten Eiern und zum Schluß in Sesamsamen wenden. Die Panade gut festdrücken und die Hähnchenfilets in 4 EL erhitztem Erdnußöl von jeder Seite 3 bis 4 Minuten braten. Die Filets auf Blattspinat anrichten.

6. Süß-saure Ananasfüllung
4 Scheiben Ananasfruchtfleisch in Stifte schneiden. In 1 EL Keimöl anbraten und mit Curry, Sojasauce und dem frisch geraspelten Ingwer würzen. Mit 2 cl Fino-Sherry ablöschen, einkochen lassen und kalt stellen. Die Ananasfüllung in die Taschen von 4 gesalzenen und gepfefferten Hähnchenbrustfilets verteilen und die Öffnungen, wie im Grundrezept beschrieben, mit einem Zahnstocher zusammenstecken. Die Hähnchenfilets erst in Mehl, dann in 2 verquirlten Eiern und zum Schluß in Kokosraspeln wenden. Die Panade gut festdrücken und die Hähnchenfilets in 4 EL erhitztem Keimöl von jeder Seite 3 bis 4 Minuten braten.

7. Kräuterfüllung
4 EL frisch gehackte Frühlingskräuter (z. B. Schnittlauch, Basilikum, Kerbel, Estragon, Petersilie) mit 1 EL Schalottenwürfeln, 2 EL geriebenem Hartkäse und 1 bis 2 gehackten Knoblauchzehen vermischen. In die vorbereiteten Taschen der gesalzenen und gepfefferten Hähnchenbrusthälften füllen und die Öffnungen mit einem Zahnstocher zusammenstecken. Die Brüstchen in 30 g erhitzter Butter von jeder Seite 3 bis 4 Minuten braten, herausnehmen und warm stellen. 1 EL Schalottenwürfel im Bratfett glasig dünsten und mit 100 ml trockenem Weißwein aufgießen. Etwas einkochen lassen und 2 EL Crème fraîche unterrühren. Bei starker Hitze sämig einkochen und zum Schluß 1 EL feingeschnittenen Schnittlauch untermischen. Die Brüstchen mit der Sauce begießen.

8. Bratwurstfüllung
In die Hähnchenfilets, wie im Grundrezept beschrieben, eine Tasche einschneiden und mit Salz und Pfeffer würzen. Jeweils 50 g rohes Bratwurstbrät hineinstreichen und die Öffnungen gut zusammendrücken. 1 oder 2 Schweinenetze, je nach Größe, in lauwarmem Wasser einweichen. Gut abgetropft auf einem Tuch ausbreiten und in 4 so große Teile schneiden, daß die Filets damit umhüllt werden können. 2 EL Keimöl erhitzen und die Geflügelpäckchen darin von jeder Seite 4 bis 5 Minuten braten. Mit Kartoffel-Gurken-Salat servieren.

WIENER BACKHENDL

Das Wiener Backhendl ist ein Klassiker der Wiener Küche und fast so berühmt wie der Stephansdom. Allerdings werden heute immer häufiger die panierten Hähnchenteile in der Friteuse ausgebacken. Nach dem Originalrezept muß das portionierte Hähnchen jedoch langsam in heißem Schmalz garen. Und nichts paßt besser dazu als Kartoffelsalat!

Für 4 Personen
Zubereitungszeit: 1 Stunde

- 2 Hähnchen (je 800 g), ohne Innereien
- Salz
- frisch gemahlener Pfeffer
- ca. 50 g Mehl zum Wenden
- 3 Eier
- 3 EL Sahne
- ca. 150 g Paniermehl
- ca. 250 g Butterschmalz
- 1 Zitrone

1. Die Hähnchen innen und außen waschen und trockentupfen. Mit einer Geflügelschere das Hähnchen der Länge nach halbieren, dann vierteln. Mit Salz und Pfeffer einreiben.
2. Das Mehl in eine Schüssel geben und die Hähnchenteile darin wenden, überschüssiges Mehl abklopfen. Die Eier mit der Sahne in einer Schüssel verquirlen, das Paniermehl in einem tiefen Teller bereitstellen.
3. Nacheinander die Geflügelteile in der Eiermischung wenden, bis sie völlig damit überzogen sind. Anschließend in dem Paniermehl wenden und gut festdrücken. Darauf achten, daß alle Stellen mit Paniermehl bedeckt sind.
4. Das Schmalz in zwei großen Pfannen erhitzen. Den Backofen auf 100° C vorheizen.
5. Zuerst die Keulen, mit der Hautseite nach unten, in das heiße Fett geben und bei mittlerer Hitze etwa 8 bis 10 Minuten braten. Wenden und in weiteren 5 bis 6 Minuten goldbraun braten.
6. Die Hähnchenteile mit einer Fleischgabel herausheben, abtropfen lassen und auf einer feuerfesten Platte im Ofen warm halten, bis alle Portionen fertiggebraten sind. Die Zitrone achteln und mit dem Backhendl servieren.

Pro Person:
Kalorien (kcal) 740
Eiweiß (g) 86
Fett (g) 29
Kohlenhydrate (g) 23

Wer am liebsten nur Keulen oder Brüstchen ißt, kann sich auch die Portionsstücke einzeln kaufen, panieren und in Butterschmalz ausbraten.

CHINESISCHES KNUSPERHÄHNCHEN

Dieses Hähnchengericht unterscheidet sich etwas von der sonst so gemüsereichen chinesischen Zubereitungsart. Es erfordert zwar ein wenig Geduld, ist aber nicht sehr schwierig. Das Warten lohnt sich auf alle Fälle!

Für 4 Personen
Zubereitungszeit: 25 Minuten
Marinierzeit: 5 Stunden

- 1 Hähnchen (1,5 kg), ohne Innereien
- 2 cm frische Ingwerwurzel
- Salz
- frisch gemahlener Pfeffer
- 1 EL dünnflüssiger Honig
- 3 EL dunkle Sojasauce
- 2 EL Weißweinessig
- 2 EL Fino-Sherry
- 4 EL Speisestärke
- Keimöl zum Fritieren

1. Das Hähnchen waschen und trockentupfen. Die Ingwerwurzel schälen, fein reiben und mit Salz und Pfeffer vermischen. Das Hähnchen innen und außen damit einreiben. In einem offenen Gefäß an einem kühlen Platz etwa 2 Stunden durchziehen lassen.
2. Für die Marinade Honig, Sojasauce, Essig, Sherry und Speisestärke verrühren.
3. Das Hähnchen in 16 Teile zerlegen und mit der Hälfte der Marinade bestreichen. An einem kühlen, trockenen und luftigen Platz 2 Stunden marinieren. Dann erneut mit der Würzcreme bestreichen und 1 weitere Stunde trocknen lassen.
4. In einer Friteuse reichlich Öl auf 180° C erhitzen und die Stücke portionsweise jeweils 4 bis 6 Minuten goldbraun und knusprig backen.
5. Sofort servieren! Am besten passen dazu der Länge nach aufgeschnittene Frühlingszwiebeln und eine süß-saure asiatische Sauce oder ein würziges Chutney.

Pro Person:
Kalorien (kcal) 490
Eiweiß (g) 68
Fett (g) 14
Kohlenhydrate (g) 12

Das Knusperhähnchen ist der berühmten Pekingente sehr ähnlich. Diese wird allerdings nach dem Trocknen im Backofen gegart. Sie können mit der gleichen Marinade auch eine ca. 1,8 kg schwere Ente bestreichen, trocknen lassen und im Backofen bei 180° C etwa 1 1/2 Stunden braten.
Dann schneidet man kleine Scheibchen von der Ente, mit Vorliebe von der Haut, und hüllt sie in kleine, trockene Pfannkuchen, die ohne Ei zubereitet werden.

ENTENBRUST MIT MANGO

Gibt es für einen Genießer etwas Schöneres als die krosse Haut einer Ente und darunter das saftige, rosagebratene Brustfleisch? Frische Entenbrüste gibt es fast das ganze Jahr hindurch, am besten schmeckt die fleischige Brust einer Barberie-Ente allerdings immer noch im Spätherbst. Wie eine Entenbrust richtig gebraten wird, sehen Sie auf Seite 44.

Für 4 Personen
Zubereitungszeit: 30 Minuten

- 3 Entenbrustfilets (je 300 g)
- Salz
- frisch gemahlener Pfeffer
- 1 EL Entenschmalz oder Keimöl
- 2 mittelgroße Mangos
- 1/2 TL frisch geriebene Ingwerwurzel
- 1 TL Curry
- Cayennepfeffer
- 2 cl Portwein
- 1/8 l Enten- oder Hühnerbrühe
- etwas abgeriebene Schale von 1 unbehandelten Orange

1. Den Backofen auf 220° C vorheizen.
2. Die Entenbrustfilets kalt waschen, trockentupfen und mit Salz und Pfeffer einreiben.
3. Das Schmalz erhitzen und die Entenbrüste mit der Hautseite nach unten in die Pfanne geben. 2 bis 3 Minuten scharf anbraten, wenden und die zweite Seite bei mittlerer Hitze 8 bis 10 Minuten zugedeckt braten.
4. Inzwischen die Mangos schälen, das Fruchtfleisch vom Kern lösen und in kleine Würfel schneiden.
5. Die Entenbrustfilets mit der Hautseite nach oben auf eine feuerfeste Platte legen und auf der mittleren Schiene des Backofens in 8 bis 10 Minuten knusprig braten. Dann herausnehmen und warm stellen.
6. Den Bratenfond etwas entfetten. Die Mangowürfel in die Pfanne geben und kurz anbraten. Mit Ingwer, Curry und Cayennepfeffer würzen. Mit Portwein und der Brühe aufgießen und bei mittlerer Hitze so lange braten, bis die Früchte weich und glasig sind. Zum Schluß die Orangenschale daruntermischen.
7. Die Filets in dünne, schräge Scheiben schneiden. Den dabei entstehenden Fleischsaft unter die Mangosauce mischen und diese getrennt dazu servieren.

Pro Person:
Kalorien (kcal) 605
Eiweiß (g) 41
Fett (g) 42
Kohlenhydrate (g) 6

1

2

3

1. Süß-saure Entenbrust
3 gewürzte Entenbrustfilets, wie im Grundrezept auf Seite 44 beschrieben, in der Pfanne anbraten. 2 EL Orangenmarmelade, 2 EL Sojasauce, die abgeriebene Schale von 1/2 Orange, Cayennepfeffer und Pfeffer verrühren. Die Filets im Ofen 10 Minuten garen, dabei immer wieder mit der Marinade bestreichen. Aus der Pfanne nehmen und den Bratenfond entfetten. Mit 2 cl Grand Marnier, 1/8 l Hühnerbrühe und 2 EL Crème fraîche verrühren und bei starker Hitze sämig kochen. Die Sauce zu den dünn aufgeschnittenen Entenbrustscheiben reichen.

2. Entenbrust mit Frühlingszwiebeln
3 gewürzte Entenbrustfilets, wie im Grundrezept auf Seite 44 beschrieben, in der Pfanne anbraten. 12 junge Frühlingszwiebeln putzen und die grünen Enden entfernen. Die Zwiebeln in das Bratfett geben, anbraten und mit 2 EL Aceto Balsamico und 4 cl Madeira ablöschen. Die Entenhaut mit 2 TL dünnflüssigem Honig bestreichen, die Filets mit 1/8 l kräftigem Rotwein umgießen und im Backofen in 10 Minuten fertiggaren. Entenfleisch und Zwiebeln herausnehmen, den Fond entfetten und mit 1/8 l Enten- oder Hühnerbrühe aufgießen. Dann bei starker Hitze etwas einkochen lassen und zu den dünn aufgeschnittenen Entenbrustscheiben reichen.

3. Entenbrust mit Apfel-Calvados-Sauce
3 gewürzte Entenbrustfilets, wie im Grundrezept auf Seite 44 beschrieben, in der Pfanne anbraten. 3 aromatische Äpfel schälen, entkernen und in kleine Würfel schneiden. 3 EL Apfelwürfel in das Bratfett zu den Filets geben und kurz anbraten. Mit 4 cl Calvados ablöschen und mit 1/4 l Hühnerbrühe aufgießen. Im Backofen in 10 Minuten fertigbraten. Die Filets aus der Pfanne nehmen. Die Sauce entfetten, mit 1/8 l Sahne fein pürieren und durch ein Sieb streichen. Die restlichen Apfelstücke kurz in 1 EL Entenfett hellgelb braten und unter die Sauce mischen. Zu den dünn aufgeschnittenen Entenbrustscheiben reichen.

Die Entenbrustfilets unbedingt mit der Haut braten, damit das Fleisch nicht austrocknet und das feine Aroma nicht verloren geht.

REBHUHNBRÜSTCHEN MIT BIRNEN

Damit der erlesene Geschmack der Rebhühner auch richtig zur Geltung kommt, löst man am besten Brustfilets aus und brät sie nur kurz. Aus den Knochen kann man einen schmackhaften Fond zubereiten und aus den Keulen mit Wirsing, Linsen oder einem anderen Herbstgemüse einen deftigen Eintopf.

Für 4 Personen
Zubereitungszeit: 25 Minuten

- 4 Rebhühner (je 250 g)
- Salz
- frisch gemahlener Pfeffer
- 2 große aromatische Birnen
- 2 EL Keimöl
- 20 g Butter oder Margarine
- 1/2 TL frische Thymianblätter
- 2 cl Williamsbirnenbrand
- 1/4 l selbstgemachte Rebhuhnbrühe (siehe Rezept Fasanenconsommé Seite 32), ersatzweise fertigen Wildfond
- 3 EL Crème fraîche

1. Brustfilets und Keulen der Rebhühner auslösen. Die Keulen für ein anderes Gericht (z. B. Seite 93) aufbewahren, aus den Knochen einen Fond (siehe Seite 32/33) kochen. Die Brustfilets mit Salz und Pfeffer einreiben.
2. Die Birnen schälen, dann halbieren, entkernen und jede Hälfte längs in 4 Spalten schneiden.
3. Öl und Fett in einer großen Pfanne erhitzen und die Brustfilets darin mit der Hautseite nach unten 2 bis 3 Minuten scharf anbraten. Wenden und die andere Seite ebenfalls 2 bis 3 Minuten braten. Die Filets mit Thymian würzen, in Alufolie einschlagen und warm halten.
4. Die Birnenspalten in das Bratfett geben und kurz anbraten. Mit dem Birnenbrand ablöschen und so lange dünsten, bis die Früchte gar sind. Aus der Pfanne nehmen und ebenfalls warm stellen.
5. Den Bratenfond mit der Brühe aufgießen. Crème fraîche darunterrühren und bei starker Hitze sämig einkochen lassen.
6. Die Rebhuhnbrüstchen mit einem scharfen Messer schräg in 1 cm dicke Scheiben schneiden, mit den Birnen anrichten und die Sauce dazu reichen. Dazu paßt Kartoffelpüree und Wirsing.

Pro Person:
Kalorien (kcal) 443
Eiweiß (g) 43
Fett (g) 22
Kohlenhydrate (g) 13

• Rebhühner schmecken im November und Dezember am besten.
• Kocht man aus den Knochen einen Fond und friert ihn portionsweise ein, kann man das ganze Jahr hindurch, z. B. zu einer Perlhuhnbrust, eine raffinierte Wildsauce reichen.

GEFÜLLTE FASANENBRUST IM SCHWEINENETZ

Das beste am Fasan ist eigentlich sein Brustfleisch. In diesem Rezept werden aber auch die sehnigen Keulen zu einer Farce verarbeitet, und die Knochen lassen eine herrliche Suppe entstehen.

Für 4 Personen
Zubereitungszeit: 1 Stunde

2 junge küchenfertige Fasane (je 800 g)
2 Eigelb
2 EL Paniermehl
2 EL gehackte Walnüsse
2 EL frisch gehackte Petersilie
abgeriebene Schale von 1/2 unbehandelten Orange
etwas frisch geriebene Ingwerwurzel
Salz
frisch gemahlener Pfeffer
2 Schweinenetze
2 EL Keimöl
2 cl Madeira
1/4 l Fasanenbrühe (ersatzweise Hühnerbrühe)

1. Die Brustfilets auslösen und häuten. Die Keulen abtrennen und das Fleisch von Knochen und Sehnen befreien.
2. Aus Knochen und Sehnen einen Fond kochen (siehe Seite 32).
3. Das abgelöste Keulenfleisch in der Küchenmaschine fein zerkleinern. Mit Eigelb, Paniermehl, Walnüssen und Petersilie vermengen und mit Orangenschale, Ingwer, Salz und Pfeffer herzhaft würzen.
4. Die Schweinenetze in lauwarmem Wasser einweichen, dann auf einem Tuch ausbreiten. In 4 gleich große Stücke schneiden und je ein Brustfilet darauflegen.
5. Jede Brust dick mit der Farce bestreichen und mit dem Netz sorgfältig umhüllen.
6. Das Öl in einer großen Pfanne erhitzen und die umwickelten Filets auf der Fleischseite bei mittlerer Hitze ca. 8 Minuten anbraten. Wenden und die zweite Seite ebenfalls 6 bis 8 Minuten braten. Herausnehmen und mit Alufolie umhüllen.
7. Den Bratenfond mit Madeira ablöschen, mit der Fasanenbrühe aufgießen und bei starker Hitze etwas einkochen lassen.
8. Die Brustfilets in Scheiben schneiden, auf einer Platte anrichten und mit der Sauce begießen. Dazu Kartoffelgratin und Selleriepüree servieren.

Pro Person:
Kalorien (kcal) 606
Eiweiß (g) 76
Fett (g) 27
Kohlenhydrate (g) 4

• Auf dieselbe Weise kann man auch die Keulen von Reb- oder Perlhühnern verarbeiten.
• Das Schweinenetz ist ein guter Ersatz für den oft üblichen Speckmantel.
• Die gefüllten Fasanenbrustfilets kann man auch mit blanchierten Wirsing- oder Weißkohlblättern umwickeln.

PUTENGESCHNETZELTES MIT PILZEN

Geschnetzeltes ist nicht nur ein schnelles und sättigendes Gericht, mit eigener Phantasie läßt es sich auch beliebig variieren. Nur eines muß man beachten: Das eiweißreiche zarte Fleisch darf keinesfalls zu lange garen, da es sonst austrocknet und viel von dem äußerst feinen Geschmack einbüßt!

Für 4 Personen
Zubereitungszeit: 20 Minuten

- 600 g Putenbrustfleisch
- Salz
- gemahlener weißer Pfeffer
- 250 g Shiitake-Pilze, Egerlinge oder Champignons
- 4 Schalotten
- 3 EL Keimöl
- 20 g Butter oder Margarine
- 4 bis 5 frische Estragonblätter
- 2 cl trockener Wermut (z. B. Noilly Prat)
- 1/8 l Hühnerbrühe
- 200 ml Sahne
- 1 EL Dijon-Senf
- 1 Bund glatte Petersilie

1. Das Putenbrustfleisch erst in 1 cm breite Scheiben und dann in 1 cm breite Streifen schneiden. Mit Salz und Pfeffer würzen.
2. Die Pilze putzen, nur falls nötig kurz waschen, dann vierteln oder in Scheiben schneiden. Die Schalotten schälen und in kleine Würfel schneiden.
3. Das Öl in einer großen Pfanne erhitzen und die Putenstreifen darin bei starker Hitze portionsweise kurz anbraten. Herausnehmen und beiseite stellen.
4. Die Butter in das Bratfett geben und die Schalottenwürfel darin glasig dünsten. Pilze und Estragon hinzufügen und unter Rühren kräftig anbraten.
5. Mit Wermut ablöschen, mit Brühe und Sahne aufgießen und bei mittlerer Hitze sämig einkochen lassen. Die Putenstreifen dazugeben, den Senf unterrühren und mit Salz und Pfeffer abschmecken.
6. Zum Schluß die frisch gehackte Petersilie daruntermischen und mit Rösti, Nudeln oder Reis servieren.

Pro Person:
Kalorien (kcal) 465
Eiweiß (g) 35
Fett (g) 32
Kohlenhydrate (g) 3

• Frischer Estragon paßt sehr gut zum zarten Geflügelgeschmack. Da das Kraut sehr intensiv schmeckt, muß man bei der Dosierung vorsichtig sein.
• Ersatzweise in Öl eingelegte Estragonblätter verwenden!

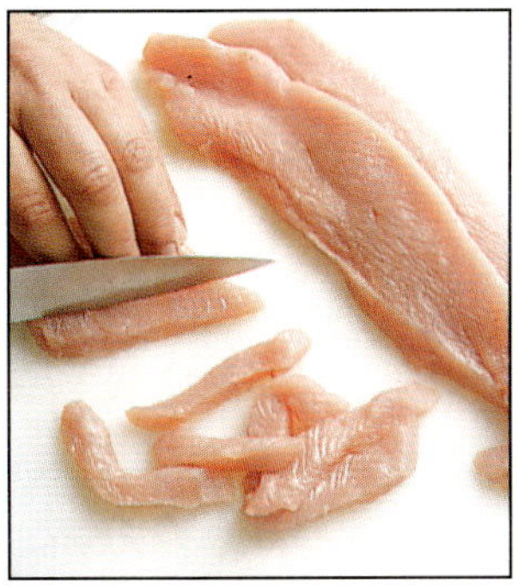

Fleisch aufschneiden
Die Putenbrust in 1 cm dicke Scheiben schneiden oder bereits Putenschnitzel kaufen. Die Fleischscheiben quer zur Faser in 1 cm breite Streifen schneiden. Auf die gleiche Weise kann man auch Hähnchenbrustfilets aufschneiden.

Zutaten vorbereiten
Da die Garzeit sehr kurz ist, müssen alle Zutaten, die beigefügt werden sollen, vorbereitet werden. Die Pilze putzen und in Scheiben oder in Viertel schneiden, die Schalotten schälen und in kleine Würfel schneiden.

Fleisch anbraten
Das Öl in einer Pfanne auf höchster Stufe erhitzen und etwa die Hälfte der Putenstreifen darin unter Wenden 1 bis 2 Minuten anbraten und aus der Pfanne nehmen. Das restliche Geflügelfleisch ebenfalls 1 bis 2 Minuten kräftig anbraten, dann herausnehmen und beiseite stellen.

Pilze garen
Die Butter in das Bratfett geben, etwas aufschäumen lassen und die Schalotten darin glasig dünsten. Pilze und Estragon hinzufügen und unter Rühren bei starker Hitze anbraten.

Sauce zubereiten
Mit Wermut ablöschen, mit Brühe und Sahne aufgießen und bei starker Hitze sämig einkochen lassen. Die Putenstreifen wieder dazugeben und in der Sauce erhitzen. Mit Senf, Salz und Pfeffer würzen und mit der Petersilie bestreut servieren.

PUTENGESCHNETZELTES IN PAPRIKACREME

Für 4 Personen
Zubereitungszeit: 20 Minuten

- 600 g Putenbrustfleisch, in Streifen geschnitten
- Salz
- frisch gemahlener Pfeffer
- 30 g Butterschmalz
- 2 Zwiebeln, in Würfel geschnitten
- 2 gehackte Knoblauchzehen
- 1 bis 2 EL Paprikapulver (edelsüß)
- 1 TL Mehl
- 1/8 l Hühnerbrühe
- 1/4 l Sahne
- 1 EL frisch gehackte Petersilie

1. Die Putenstreifen mit Salz und Pfeffer würzen. In heißem Fett portionsweise anbraten und herausnehmen.
2. Zwiebeln und Knoblauch im Bratfett glasig dünsten, mit Paprika und Mehl bestäuben und kurz anrösten.
3. Mit der Brühe ablöschen und aufkochen. Dann die Sahne darunterrühren und bei starker Hitze sämig einkochen lassen. Die Geflügelstreifen in der Sauce erhitzen und mit der Petersilie bestreuen.

Pro Person:
Kalorien (kcal) 480
Eiweiß (g) 33
Fett (g) 34
Kohlenhydrate (g) 4

PUTENGESCHNETZELTES MIT GEMÜSE

Für 4 Personen
Zubereitungszeit: 30 Minuten

- 600 g Putenbrustfleisch, in Streifen geschnitten
- Salz
- frisch gemahlener Pfeffer
- 2 EL Keimöl
- 40 g Butter
- 400 g in feine Streifen oder kleine Würfel geschnittenes Gemüse (z. B. Möhren, Knollensellerie, Lauch)
- 1/8 l Hühnerbrühe
- 4 EL Crème fraîche
- 2 EL feine Schnittlauchröllchen

1. Die Putenstreifen mit Salz und Pfeffer würzen. In heißem Öl portionsweise anbraten und herausnehmen.
2. Die Butter in das Bratfett geben, aufschäumen lassen und dann das Gemüse darin andünsten. Mit der Brühe aufgießen und zugedeckt in einigen Minuten bißfest garen.
3. Die Crème fraîche darunterrühren, kurz durchkochen lassen und die Putenstreifen darin erhitzen. Mit dem Schnittlauch bestreuen.

Pro Person:
Kalorien (kcal) 402
Eiweiß (g) 33
Fett (g) 25
Kohlenhydrate (g) 7

PUTENGESCHNETZELTES MIT THUNFISCHSAUCE

Für 4 Personen
Zubereitungszeit: 20 Minuten

- 600 g Putenbrustfleisch, in Streifen geschnitten
- Salz
- frisch gemahlener Pfeffer
- 3 EL Keimöl
- 2 EL Zwiebelwürfel
- 180 g eingelegter Thunfisch
- 2 bis 3 Sardellenfilets
- 1 TL Kapern
- 1/8 l Hühnerbrühe
- 200 ml Sahne
- 150 g gedünstete Zuckerschoten
- 1 EL gehackte Petersilie

1. Die Putenstreifen mit Salz und Pfeffer würzen. In heißem Öl portionsweise anbraten und herausnehmen.
2. Die Zwiebelwürfel im Bratfett glasig dünsten. Dann den abgetropften Thunfisch und die Sardellen in Stückchen dazugeben. Die Kapern daruntermischen und mit Brühe und Sahne aufgießen. Einige Minuten durchkochen, dann mit einem Stabmixer pürieren.
3. Fleischstreifen und Zuckerschoten darin erhitzen und mit der Petersilie bestreuen.

Pro Person:
Kalorien (kcal) 595
Eiweiß (g) 45
Fett (g) 40
Kohlenhydrate (g) 6

PUTENCURRY

Für 4 Personen
Zubereitungszeit: 25 Minuten

- 600 g Putenbrustfleisch, in Streifen geschnitten
- Salz
- frisch gemahlener Pfeffer
- 3 EL Keimöl
- 2 EL Zwiebelwürfel
- 1 gehackte Knoblauchzehe
- Fruchtfleisch von 1/2 Mango
- 1 EL Currypulver
- 1/2 TL Kurkuma
- 1/2 TL geriebene Ingwerwurzel
- je 1/8 l Hühnerbrühe und Sahne
- 2 Scheiben Ananasfruchtfleisch
- 1 EL gehackte Petersilie

1. Die Putenstreifen mit Salz und Pfeffer würzen. In heißem Öl portionsweise anbraten und herausnehmen.
2. Zwiebeln und Knoblauch im Bratfett glasig dünsten und das in Würfel geschnittene Mangofruchtfleisch dazugeben. Die Gewürze darunterrühren und mit der Brühe und der Sahne aufgießen.
3. In einigen Minuten sämig einkochen. Das Putenfleisch und die in Stifte geschnittene Ananas hinzufügen und darin erhitzen. Mit der Petersilie bestreuen.

Pro Person:
Kalorien (kcal) 390
Eiweiß (g) 33
Fett (g) 24
Kohlenhydrate (g) 6

HÄHNCHENLEBER AUF ITALIENISCHE ART

Rasches Arbeiten ist für das Gelingen von Leberrezepten Voraussetzung, damit die Leber nicht hart und trocken wird. Zart rosa gebraten sind die Lebern von Hähnchen, Puten, Enten und Gänsen wahre Leckerbissen. Sie schmecken auf knusprigen Toasts, in Omeletts oder mit einer sahnigen Sauce! Außerdem sind sie ausgesprochen preiswert.

Für 4 Personen
Zubereitungszeit: 20 Minuten

- 600 g Hähnchenlebern
- 2 EL Mehl
- Salz
- frisch gemahlener Pfeffer
- 4 Schalotten
- 2 Knoblauchzehen
- 2 Fleischtomaten
- 80 g Parmaschinken
- 3 EL Olivenöl
- 20 g Butter
- 8 Salbeiblätter
- 2 cl Madeira
- 1/8 l Hühnerbrühe

1. Von den Lebern das Fett und die Sehnen entfernen. Jede Leber halbieren und in ein Sieb geben. Kurz mit kaltem Wasser abspülen und gut abtropfen lassen. Mit einem Küchenpapier trockentupfen.
2. Mehl, Salz und Pfeffer in einem tiefen Teller vermischen. Die Leberhälften darin wenden und überschüssiges Mehl gut abklopfen. Will man auf das Mehl verzichten, darf die Leber vorher nicht gesalzen werden.
3. Schalotten und Knoblauch schälen. Die Tomaten kurz blanchieren, dann häuten und entkernen. Alles in kleine Würfel, den Schinken in feine Streifen schneiden.
4. Das Öl in einer Pfanne erhitzen und die Lebern darin portionsweise bei starker Hitze 3 bis 4 Minuten anbraten. Herausnehmen und beiseite legen. Bratfett abgießen und Butter in der Pfanne zerlassen.
5. Schalotten, Knoblauch und Salbeiblätter darin anrösten. Mit Madeira ablöschen und der Hühnerbrühe aufgießen.
6. Kurz durchkochen lassen, dann die Tomatenwürfel, den Schinken und die Lebern dazugeben. Einige Minuten leise köcheln lassen.
7. Darauf achten, daß die Lebern innen rosa sind. Mit frisch gehackter Petersilie bestreuen und mit französischem Weißbrot oder Polenta servieren.

Pro Person:
Kalorien (kcal) 398
Eiweiß (g) 39
Fett (g) 21
Kohlenhydrate (g) 8

Auch die größeren Lebern von Enten, Gänsen oder Puten möglichst nur in ihre zwei natürlichen Hälften teilen, damit die umhüllende zarte Haut unversehrt bleibt. Schneidet man die Lebern vor dem Braten auf, werden sie hart und verlieren viel von dem feinen Aroma.

1

2

3

1. Hähnchenleber-Curry
600 g vorbereitete Hähnchenlebern in einer Mischung aus Mehl, Salz und Pfeffer wenden. 3 Schalotten und 2 Knoblauchzehen in winzig kleine Würfel schneiden. 3 EL Keimöl in einer Pfanne erhitzen und die Lebern darin bei starker Hitze 3 bis 4 Minuten anbraten. Herausnehmen, Bratfett abgießen und 2 EL Keimöl in die Pfanne geben. Schalotten und Knoblauch darin glasig dünsten. 1 EL Curry, 1 TL eingelegte grüne Pfefferkörner und 1 EL Erdnußcreme dazugeben. Mit 1/8 l Sahne aufgießen und sämig einkochen. Die Lebern daruntermischen und mit gehacktem Koriandergrün (Cilantro) bestreuen.

2. Hähnchenleber in Kräutersauce
500 g vorbereitete Hähnchenlebern in einer Mischung aus Mehl, Salz und Pfeffer wenden. 4 Schalotten und 2 Knoblauchzehen schälen und in kleine Würfel schneiden. 1 Bund frische Frühlingskräuter (z. B. Petersilie, Schnittlauch, Kerbel, Basilikum, Estragon) fein hacken. 3 EL Keimöl erhitzen und die Lebern darin 3 bis 4 Minuten bei starker Hitze anbraten. Herausnehmen und beiseite stellen. Das Bratfett abgießen und 20 g Butter in die Pfanne geben. Schalotten und Knoblauch darin glasig dünsten. Mit 2 cl trockenem Wermut, z. B. Noilly Prat, ablöschen und mit 1/8 l Sahne aufgießen. Sämig einkochen, die Lebern und die Kräuter dazugeben und mit Salz und Pfeffer abschmecken.

3. Hähnchenleber mit Senfsauce
600 g vorbereitete Hähnchenlebern in einer Mischung aus Mehl, Salz und Pfeffer wenden. 2 Zwiebeln und 1 Knoblauchzehe in Würfel, 2 Essiggurken in schmale Streifen schneiden. 3 EL Keimöl erhitzen und die Lebern 3 bis 4 Minuten anbraten. Herausnehmen und beiseite stellen. Bratfett abgießen und 20 g Butter in die Pfanne geben. Zwiebeln und Knoblauch darin glasig dünsten und mit 1/8 l Hühnerbrühe und 1/8 l Sahne aufgießen. Sämig einkochen, dann 2 EL Dijon-Senf unterrühren. Essiggurken und Lebern unter die Sauce mischen und mit Petersilie bestreuen.

GÄNSELEBER MIT APFEL

Auf Gänsestopfleber wird man gerne verzichten, wenn man dieses köstliche Gänselebergericht einmal gegessen hat. Es wird mit der Leber von ganz gewöhnlich aufgezogenen Gänsen zubereitet.

Für 4 Personen
Zubereitungszeit: 20 Minuten

- 500 g frische Gänselebern
- 2 große Zwiebeln
- 2 große aromatische Äpfel (z. B. Boskop)
- 4 EL Gänseschmalz
- 2 frische Majoranzweige oder 1 TL gerebelter Majoran
- Salz
- frisch gemahlener Pfeffer
- 1/8 l trockener Weißwein
- 4 große Scheiben Bauernbrot
- 1/2 Bund krause Petersilie

1. Die Gänselebern von Fett und Sehnen befreien und halbieren.
2. Die Zwiebeln schälen und auf dem Gurkenhobel in feine Scheiben schneiden. Die Äpfel schälen und mit einem Kernausstecher die Kerngehäuse entfernen. Die Äpfel in 1/2 cm dicke Scheiben schneiden.
3. Dann 2 EL Gänseschmalz erhitzen und die Zwiebelscheiben darin bei starker Hitze goldgelb braten. Herausnehmen und auf einem dick zusammengefalteten Küchenpapier abtropfen lassen.
4. 1 weiteren EL Schmalz in die Pfanne geben und die Apfelscheiben bei schwacher Hitze von beiden Seiten goldbraun braten. Ebenfalls herausnehmen und abtropfen lassen.
5. Das restliche Schmalz erhitzen und darin die Gänselebern von allen Seiten 4 bis 5 Minuten anbraten. Mit den frischen Majoranblättchen oder dem gerebelten Majoran bestreuen, mit Salz und Pfeffer würzen. Die Lebern herausnehmen, wenn sie innen noch leicht rosa sind. Den Bratenfond mit dem Weißwein aufgießen und ein wenig einkochen lassen.
6. Das Brot im Toaster rösten und mit den in dünne Scheiben geschnittenen Gänselebern belegen. Dann mit den Apfel- und Zwiebelringen bedecken und mit je 1 EL Bratenfond beträufeln. Mit je 1 Petersilienzweig garnieren.

Pro Person:
Kalorien (kcal) 535
Eiweiß (g) 34
Fett (g) 18
Kohlenhydrate (g) 50

• Köstlich schmeckt das Brot auch mit gebratenen, feinen Ringen von Frühlingszwiebeln anstelle der Äpfel.
• Falls Sie keine Gänseleber bekommen, können Sie auch Enten- oder Putenleber verwenden. Aber unbedingt in Gänseschmalz braten!

PUTENLEBER MIT BANANE

Putenleber gibt es das ganze Jahr über, sie ist preiswert, kalorienarm und ungemein vielseitig verwendbar – deshalb sollte man sie des öfteren in den Einkaufskörben wiederfinden. Schneidet man die Leber vor dem Braten in kleine Scheiben, muß die Garzeit sehr kurz sein, damit die Stücke nicht hart und trocken werden. Zarter schmeckt die Putenleber, wenn sie erst nach dem Braten in Scheiben geschnitten wird.

Für 4 Personen
Zubereitungszeit: 20 Minuten

- 600 g Putenlebern
- 2 EL Mehl
- Salz, frisch gemahlener Pfeffer
- 3 EL Keimöl
- 1 gehackte Knoblauchzehe
- 1 Banane
- 1 EL Currypulver
- Cayennepfeffer
- 1/8 l Kokosmilch
- 1/8 l Hühnerbrühe
- 4 Babybananen
- 20 g Butter
- 1 EL gehackte Korianderblätter (Cilantro)

1. Die Putenlebern von Fett und Sehnen befreien und in einer Mischung aus Mehl, Salz und Pfeffer wenden. Überschüssiges Mehl gut abklopfen.
2. Das Öl in einer Pfanne erhitzen und die Lebern darin 4 bis 5 Minuten bei starker Hitze anbraten. Sie müssen innen noch rosa sein. Aus der Pfanne nehmen und warm stellen.
3. Den Knoblauch und die in Scheiben geschnittene Banane im Bratfett anbraten. Mit Curry und Cayennepfeffer bestreuen und mit Kokosmilch und Brühe aufgießen. Kräftig durchkochen lassen, dann die Sauce mit einem Mixstab sehr fein pürieren.
4. In einer zweiten Pfanne die Babybananen in der erhitzten Butter rundherum anbraten.
5. Die Putenlebern in Scheiben schneiden. Mit der Sauce begießen, den gebratenen Bananen belegen und dem Cilantro bestreuen.

Pro Person:
Kalorien (kcal) 405
Eiweiß (g) 35
Fett (g) 19
Kohlenhydrate (g) 18

Statt der sehr aromatischen Babybananen kann man auch 2 halbierte große Obstbananen verwenden.

CHINESISCHES HÄHNCHEN-FLEISCH AUS DEM WOK

Erfunden haben es die Chinesen, das schnelle, aromaschonende Garen im Wok. Die Pfanne mit dem gerundeten Boden und dem hochgezogenen Rand ermöglicht das Anbraten und Warmhalten in einem Topf. Durch das feine, gleichmäßige Schneiden der Zutaten sind die Garzeiten nur wenige Minuten kurz. Darum ist es wichtig, daß Zutaten, Marinaden und Gewürze bereitstehen.

Für 4 Personen
Zubereitungszeit: 35 Minuten

- 12 getrocknete Morcheln
- 4 Hähnchenbrustfilets (je 150 g)
- 1 EL Speisestärke
- 4 EL Sojasauce
- 8 EL Reiswein
- 1 cm frische Ingwerwurzel
- 1 Knoblauchzehe
- 1 frische Chilischote
- 1 mittelgroße Lauchstange
- 400 g Möhren
- 300 g Blumenkohl
- 6 EL Sojaöl
- 150 g Sojabohnenkeimlinge
- Salz
- frisch gemahlener Pfeffer
- evtl. etwas Hühnerbrühe
- 1 EL feingehackte Korianderblätter (Cilantro)

1. Die Morcheln in warmem Wasser etwa 30 Minuten einweichen.
2. Das Hähnchenfleisch in 2 cm große Würfel oder in 1 cm breite Streifen schneiden.
3. Speisestärke, Sojasauce und Reiswein verquirlen. Feingeriebene Ingwerwurzel, gehackte Knoblauchzehe und feingewiegte Chilischote hinzufügen. Das Geflügelfleisch in die Marinade geben und zugedeckt 30 Minuten durchziehen lassen.
4. Lauch und Möhren in feine Scheiben schneiden, den Blumenkohl in sehr kleine Röschen teilen.
5. 1 EL Öl im Wok bei hoher Temperatur erhitzen und damit ausschwenken.
6. Das Hähnchenfleisch in einem Sieb abtropfen lassen, die Marinade aufbewahren. Das Fleisch trockentupfen.
7. 3 EL Öl im Wok erhitzen. Die Fleischstücke portionsweise bei starker Hitze unter Rühren anbraten. Herausnehmen und beiseite legen. Das Bratfett abgießen. (Man kann das Fleisch auch im Wok lassen und an den Rand schieben, während das Gemüse brät.)
8. Das restliche Öl in den Wok geben und nach und nach Lauch, Möhren und Blumenkohl unter ständigem Rühren darin bißfest braten.
9. Die Morcheln gründlich waschen, damit alle Sandteilchen herausgespült werden, und in einem Sieb abtropfen lassen. Das Einweichwasser durch ein feines Sieb gießen und aufbewahren.
10. Geflügelstücke, Sojabohnenkeimlinge und die abgetropften Morcheln zum Gemüse geben. Mit der Marinade, 3 bis 4 EL Einweichwasser und evtl. der Hühnerbrühe aufgießen. Salzen, pfeffern und bei starker Hitze kurz durchkochen lassen. Mit Cilantro bestreuen.

Pro Person:
Kalorien (kcal) 475
Eiweiß (g) 45
Fett (g) 24
Kohlenhydrate (g) 13

Hähnchenbrust schneiden
Die Hähnchenbrustfilets erst der Länge nach halbieren, dann quer in 2 cm breite Würfel oder quer zur Faser in 1 cm breite Streifen schneiden. Die Morcheln in warmem Wasser einweichen.

Fleisch marinieren
Speisestärke in einer Schüssel mit Sojasauce und Reiswein verrühren. Die Ingwerwurzel schälen und fein reiben, Knoblauchzehe und Chilischote hacken und hinzufügen. Die Geflügelwürfel oder -streifen mit der Marinade vermischen.

Gemüse vorbereiten
Gemüse putzen und waschen. Lauch und Möhren in feine Scheiben schneiden, den Blumenkohl in kleine Röschen zerteilen. Grundsätzlich gilt: Gemüse mit einer längeren Garzeit muß besonders klein geschnitten werden.

Im Wok braten
Das Öl bei hoher Temperatur erhitzen. Das Fleisch portionsweise darin anbraten, herausnehmen und das Bratfett abgießen. Restliches Öl im Wok erhitzen. Nach und nach das Gemüse unter Rühren darin bißfest braten.

Gericht fertigstellen
Sojabohnenkeimlinge, abgetropfte Morcheln und das Fleisch in den Wok geben. Mit der Marinade, etwas Morcheleinweichflüssigkeit und evtl. der Brühe aufgießen. Alles gründlich vermischen, salzen und pfeffern und kurz durchkochen lassen.

GEFLÜGEL AUS DEM WOK

In Asien ist Geflügel der Hauptfleischlieferant und damit auch die wichtigste Eiweißquelle für die Bevölkerung. In Verbindung mit den feurigscharfen und exotischen Gewürzen der asiatischen Küche entstanden viele appetitmachende Variationen mit Geflügelfleisch.

1

2

3

4

Für 4 Personen
Zubereitungszeit:
15 bis 30 Minuten

1. Geflügelpfanne mit Paprika und Pilzen
600 g Hähnchenbrustfilet oder Putenfleisch in Streifen schneiden. Mit Salz, Pfeffer und je 1 feingehackten Chilischote und Knoblauchzehe vermischen. 1 Bund Frühlingszwiebeln in schräge Scheiben schneiden. 1 gelbe und 2 rote Paprikaschoten in Streifen schneiden, 200 g Shiitake-Pilze halbieren. Nacheinander das Fleisch, das Gemüse und die Pilze in insgesamt 5 EL Keimöl anbraten, wie im Grundrezept auf Seite 77 beschrieben. Alles mischen und mit Tabasco und Sojasauce abschmecken. Mit gehackter Petersilie bestreuen.

2. Geflügelpfanne mit Mango und Cashewnüssen
600 g Hähnchen- oder Putenbrustfilet in Würfel schneiden und mit 1 TL Dayong (asiatische Würzmischung) bestreuen. 1 reife Mango in kleine Würfel schneiden. 4 Frühlingszwiebeln und 2 Möhren in Scheiben schneiden. Nacheinander das Fleisch, das Gemüse, die Mango und die Nüsse in insgesamt 6 EL Keimöl anbraten, wie im Grundrezept auf Seite 77 beschrieben. Alles mischen, mit Salz, Pfeffer, 1 TL Curry, 1 EL Balsamessig und 2 cl Fino-Sherry abschmecken. 3 EL hellen Fix-Soßenbinder einstreuen und kurz durchkochen lassen.

3. Geflügelpfanne mit Chinakohl und Möhren
600 g Hähnchen- oder Putenbrustfilet in Streifen schneiden. 1 cm frischen Ingwer fein raspeln. 1 Eiweiß schaumig schlagen und mit dem Ingwer und dem Fleisch vermengen. 15 Minuten marinieren. 1 kleinen Chinakohl in 1/2 cm breite Streifen, 4 Möhren in schmale Streifen schneiden. Nacheinander das Fleisch, den Chinakohl und die Möhren in insgesamt 6 EL Erdnußöl anbraten, wie im Grundrezept auf Seite 77 beschrieben. Alles mischen und mit Salz und Pfeffer, Sambal Oelek, 1 TL flüssigem Honig, 1 EL Austernsauce (Fertigprodukt) und 1 EL Weißweinessig würzen. 3 EL hellen Fix-Soßenbinder einstreuen und ca. 1 Minute aufkochen lassen.

4. Geflügelpfanne mit Bambussprossen und Garnelen
500 g Hähnchen- oder Putenbrustfilet in schmale Streifen schneiden. Mit Salz, Pfeffer und 2 EL Sojasauce marinieren. 1 Bund Frühlingszwiebeln in feine Scheiben schneiden. 200 g Bambussprossen kleinschneiden. 50 g Glasnudeln 10 Minuten in lauwarmem Wasser einweichen. 4 EL Keimöl im Wok erhitzen und die Zwiebeln darin andünsten. Nach und nach Fleisch, Sprossen und 150 g Garnelen hinzufügen und kurz anbraten. Die abgetropften Glasnudeln daruntermischen und mit 1 bis 2 EL Austernsauce und Cayennepfeffer abschmecken.

5. Geflügelpfanne mit Broccoli und Erdnußsauce
600 g Hähnchen- oder Putenbrustfilet in Würfel schneiden. 1 TL frisch geriebenen Ingwer mit 2 gehackten Knoblauchzehen, 1 TL Currypaste und 4 EL Kokosmilch verrühren, das Fleisch darin marinieren. 1 Lauchstange in feine Scheiben schneiden, 300 g Broccoli in kleine Röschen teilen. 1 rote Paprikaschote in kleine Würfel schneiden. Nacheinander das Fleisch und Gemüse in insgesamt 6 EL Keimöl anbraten, wie im Grundrezept auf Seite 77 beschrieben. Alles mit 2 EL Erdnußcreme mischen. Mit 100 ml Kokosmilch und 1/8 l Hühnerbrühe aufgießen. Kurz durchkochen lassen und mit gerösteten Erdnüssen bestreuen.

6. Geflügelpfanne mit Kokos und Curry
600 g Hähnchen- oder Putenbrustfilet in Würfel schneiden. 1 Eiweiß schaumig schlagen und 1 EL Speisestärke hinzufügen. Das Fleisch darin 15 Minuten marinieren. 200 g Wirsing in schmale Streifen schneiden. 1 cm frischen Ingwer in kleine Würfel und 150 g Ananas in schmale Stifte schneiden. 100 ml Kokosmilch mit 1 EL Curry und der abgeriebenen Schale von 1/2 unbehandelten Orange verrühren. Nacheinander das Fleisch, den Wirsing und Ingwer in insgesamt 6 EL Keimöl anbraten, wie im Grundrezept auf Seite 77 beschrieben. Ananas dazugeben und mit der angerührten Kokosmilch begießen. Alles gründlich vermischen, mit Salz und Pfeffer würzen und kurz durchkochen lassen. Mit gehackten Korianderblättern bestreuen.

7. Entenpfanne mit Gemüseallerlei
2 Entenbrustfilets mit der Haut (je 300 g) in 2 cm große Würfel schneiden und mit Salz und Pfeffer würzen. 1 Lauchstange und 4 Möhren in dünne Scheiben schneiden. Von 100 g Keniabohnen und 100 g Zuckerschoten die Enden abknipsen. 3 EL helle Sojasauce, 4 EL Fino-Sherry und 1 TL geraspelten Ingwer mit 1 TL Honig verquirlen. Nacheinander das Fleisch und das Gemüse in insgesamt 2 EL Keimöl anbraten, wie im Grundrezept auf Seite 77 beschrieben. Dann alles mischen und die angerührte Würzsauce darüber verteilen. 3 TL hellen Fix-Soßenbinder einstreuen und einige Minuten durchkochen lassen, falls nötig nachwürzen und mit frisch gehackter Petersilie bestreuen.

8. Entenpfanne mit Früchten
2 Entenbrustfilets (je 300 g) in Würfel schneiden und mit 1 TL frisch geriebenem Ingwer, je 1 gehackten Knoblauchzehe, 1 Chilischote und 2 EL Sojasauce marinieren. 1 Bund Frühlingszwiebeln in Scheiben schneiden. 1 reife Mango in Würfel, 150 g Ananas in Stifte schneiden. 8 Litschis schälen und entkernen. 4 cl Reiswein, 1 EL Weinessig und 1 TL Curry verquirlen. Nacheinander das Fleisch, Zwiebeln und Früchte in insgesamt 2 EL Keimöl anbraten, wie im Grundrezept auf Seite 77 beschrieben. Alles mit 100 g Sojabohnenkeimlingen mischen und mit der Reisweinmischung aufgießen. Kurz aufkochen lassen und mit gehackten Korianderblättern (Cilantro) bestreuen.

HÄHNCHENBURGER

Eines steht fest: Es gibt kaum ein Kind, das Brötchen, gefüllt mit Hacksteaks, Käse und Ketchup – kurz Hamburger genannt – nicht liebt. Überraschen Sie deshalb Ihren Nachwuchs einmal mit selbstgemachten Burgern aus Hähnchenfleisch. Wahrscheinlich werden dann auch Erwachsene nicht widerstehen können.

Für 4 Personen
Zubereitungszeit: 30 Minuten

- 3 Hähnchenbrustfilets (je 150 g)
- 4 EL Sahne
- 2 EL Paniermehl
- 1 kleine Zwiebel
- 20 g Butter oder Margarine
- 1 EL gehackte Petersilie
- 2 Eier
- Salz
- gemahlener weißer Pfeffer
- 4 Frühlingszwiebeln
- 4 EL Keimöl
- 4 weiche Brötchen
- 4 Salatblätter
- 4 EL gekochte Maiskörner
- Ketchup

1. Die Hähnchenbrustfilets in der Küchenmaschine fein zerhacken.

2. Sahne und Paniermehl verrühren und quellen lassen. Zwiebel schälen, in kleine Würfel schneiden und in heißem Fett glasig dünsten. Mit Petersilie, Sahnemischung und Eiern unter das gehackte Geflügelfleisch mischen. Zu einem glatten Fleischteig verkneten und mit Salz und Pfeffer würzen.

3. Den Backofen auf 100° C vorheizen. Die geputzten Frühlingszwiebeln in feine Scheiben schneiden.

4. Aus dem Fleischteig 4 etwa 1 cm dicke Frikadellen im Durchmesser der Brötchen formen und in heißem Öl bei mittlerer Hitze von jeder Seite 4 bis 5 Minuten braten.

5. Die Brötchen im Backofen kurz anwärmen. Durchschneiden und jeweils die untere Hälfte mit je 1 Salatblatt, Frühlingszwiebeln und 1 EL Maiskörnern belegen. Die Frikadellen darauflegen, mit Ketchup bestreichen und mit der zweiten Brötchenhälfte bedecken.

Pro Person:
Kalorien (kcal) 500
Eiweiß (g) 33
Fett (g) 23
Kohlenhydrate (g) 34

Fleischteig zubereiten
Das Hähnchenfleisch fein zerhacken. Sahne und Paniermehl verrühren und quellen lassen, Zwiebelwürfel andünsten. Alles zu einem glatten Fleischteig verkneten und herzhaft würzen.

Hähnchenburger braten
Aus dem Fleischteig 4 Frikadellen formen. Öl in einer beschichteten Pfanne erhitzen und die Frikadellen bei mittlerer Hitze pro Seite 4 bis 5 Minuten braten.

Brötchen belegen
Brötchen halbieren, mit Salatblatt, Frühlingszwiebeln, Maiskörnern und Frikadelle belegen. Mit Ketchup bestreichen und mit der zweiten Brötchenhälfte bedecken.

PUTENBURGER

Für 4 Personen
Zubereitungszeit: 30 Minuten

- 500 g Putenbrustfilet
- 4 EL Sahne
- 2 EL Paniermehl
- 1 Zwiebel
- 1 Knoblauchzehe
- 20 g Butter oder Margarine
- 2 Eier
- 1 TL geriebene Ingwerwurzel
- Salz
- gemahlener weißer Pfeffer
- 4 EL Keimöl
- 4 weiche Brötchen mit Sesam
- 4 Salatblätter
- 2 Tomaten
- 100 g Sojabohnensprossen
- Currysauce (Fertigprodukt)

1. Putenfleisch fein zerhacken und mit Sahne, Paniermehl, den in heißem Fett angedünsteten Zwiebel- und Knoblauchwürfeln, Eiern und den Gewürzen zu einem Fleischteig verarbeiten (siehe Grundrezept).
2. 4 Frikadellen daraus formen und in dem heißen Öl braten.
3. Die Brötchen mit Salatblatt, Tomatenscheiben, Sojabohnensprossen, Frikadelle und Currysauce füllen.

Pro Person:
Kalorien (kcal) 500
Eiweiß (g) 37
Fett (g) 24
Kohlenhydrate (g) 29

ENTENBURGER

Für 4 Personen
Zubereitungszeit: 30 Minuten

- 2 kleine Entenbrustfilets (je 250 g)
- 2 EL Sahne
- 1 EL Paniermehl
- etwas abgeriebene Schale von 1 unbehandelten Orange
- 2 EL gehackte Pinienkerne
- 2 Eier
- Salz
- frisch gemahlener Pfeffer
- 4 EL Keimöl
- 4 weiche Brötchen
- einige Salatblätter
- Mango-Chutney

1. Entenfilets häuten, die Haut in Streifen schneiden und knusprig braten. Das Fleisch zerhacken und mit Sahne, Paniermehl, Orangenschale, Pinienkernen, Eiern, Salz und Pfeffer zu einem Fleischteig verarbeiten.
2. 4 Frikadellen daraus formen und in dem heißen Öl pro Seite 4 bis 5 Minuten braten. Die Brötchen mit Salatblättern, Frikadelle, Chutney und evtl. Entenhautstreifen füllen.

Pro Person:
Kalorien (kcal) 575
Eiweiß (g) 32
Fett (g) 35
Kohlenhydrate (g) 26

Geflügel aus dem Schmortopf

Scharfes Anbraten und schwache Hitze während des Garens, dazu feine Gewürze, eine köstliche Brühe, guter Wein und ein festschließender Schmortopf – das ist das Geheimnis der folgenden Rezepte!

COQ AU VIN

Der »Hahn im Wein« ist leider meist nur ein Hähnchen und sollte demnach richtigerweise »Poulet au vin« heißen. Im Originalrezept nimmt man einen einjährigen Hahn, der mindestens 2,5 kg auf die Waage bringt. Das Gericht reicht dann für 6 Personen und die Garzeit muß um 30 Minuten verlängert werden. Da aber ein schwergewichtiges Hähnchen (Poularde) leichter zu bekommen ist, hier das Rezept für ein geschmortes Hähnchen in Wein.

Für 4 Personen
Zubereitungszeit:
1 Stunde 45 Minuten

- 1 Hähnchen (1,5 kg, mit Leber)
- Salz
- frisch gemahlener Pfeffer
- 150 g Räucherspeck
- 12 Schalotten
- 250 g Egerlinge
- 80 g Butterschmalz
- 1 EL Mehl, 2 cl Cognac
- 1/2 l Burgunder-Rotwein
- 1/2 l Geflügelbrühe
- 1 Knoblauchzehe
- 1/2 Bund Petersilie
- 1 frischer Thymianzweig
- 1 Lorbeerblatt
- 8 Scheiben Weißbrot
- 50 g eiskalte Butter

1. Das Hähnchen waschen, trockentupfen und in 8 Stücke teilen. Salzen und pfeffern, die Leber beiseite legen.
2. Den Räucherspeck in kleine Würfel schneiden, die Schalotten schälen. Die Champignons putzen und vierteln.
3. 50 g Butterschmalz in einem Bräter erhitzen und die Speckwürfel darin glasig dünsten. Schalotten und Champignons dazugeben und einige Minuten anbraten. Aus dem Bräter nehmen und beiseite stellen.
4. Die Geflügelteile mit Mehl bestäuben. Zuerst die Keulen im heißen Fett anbraten, dann die Bruststücke dazugeben und von allen Seiten bei starker Hitze goldbraun braten.
5. Die Hähnchenteile mit Cognac begießen. Mit Rotwein und Geflügelbrühe aufgießen und aufkochen lassen.
6. Champignons, Speck und Schalotten in den Bräter geben. Knoblauch, Petersilie, Thymian und Lorbeerblatt zusammenbinden und dazugeben. Zugedeckt bei schwacher Hitze 1 Stunde 15 Minuten schmoren lassen. Man kann die Hähnchenteile auch im Backofen bei 180° C fertigschmoren.
7. Das Weißbrot zu Dreiecken schneiden und in 30 g zerlassenem Schmalz goldbraun rösten.
8. Geflügelteile, Gemüse und das Kräutersträußchen aus dem Bräter nehmen. Die Sauce durch ein Haarsieb gießen.
9. Die von Fett und Sehnen befreite Leber durch ein Sieb passieren oder im Mixer fein pürieren und unter die Sauce mischen.
10. Die eiskalte Butter in kleinen Flöckchen mit einem Schneebesen unter die Sauce schlagen. Nicht mehr kochen lassen!
11. Die Geflügelteile mit dem Gemüse auf einer warmen Platte anrichten und mit der Sauce begießen. Dazu die Weißbrotecken servieren.

Pro Person:
Kalorien (kcal) 1240
Eiweiß (g) 68
Fett (g) 71
Kohlenhydrate (g) 46

Hähnchen vorbereiten
Das Hähnchen mit der Geflügelschere halbieren und jede Hälfte in 4 Teile schneiden. Die Geflügelteile waschen und mit Küchenpapier sorgfältig trockentupfen. Mit Salz und Pfeffer einreiben und mit Mehl bestäuben.

Zutaten vorbereiten
Vor dem Anbraten müssen alle Zutaten vorbereitet werden: Räucherspeck in Würfel schneiden, die Champignons putzen und vierteln. Schalotten schälen, größere halbieren. Kräuter und Knoblauch zu einem Sträußchen binden.

Anbraten
In einem großen Schmortopf das Butterschmalz bei hoher Temperatur erhitzen. Speck, Schalotten und Champignons kurz anbraten und herausnehmen. Dann die Keulen, etwas später die Bruststücke ins Bratfett geben und rundherum goldbraun anbraten.

Schmoren
Die gebräunten Geflügelteile mit Cognac beträufeln und mit Rotwein und Brühe aufgießen. Bei starker Hitze aufkochen lassen, Speck, Champignons und Schalotten hinzufügen. Die Temperatur reduzieren und gut verschlossen gar schmoren.

Sauce zubereiten
Hähnchenteile und Gemüse auf einer Platte anrichten und warm stellen. Die Sauce durch ein Sieb gießen. Die gesäuberte Hähnchenleber durch ein Sieb streichen, in die Sauce rühren und die kalte Butter in kleinen Flöckchen darunterschlagen.

HÄHNCHEN AUS DEM SCHMORTOPF

Nach dem auf der vorhergehenden Seite beschriebenen Grundprinzip des Schmorens können viele internationale Hähnchenrezepte zubereitet werden. Eines bleibt jedoch immer gleich: Die Hähnchenteile müssen zunächst scharf angebraten werden. Manchmal wird das Hähnchen dann mit Alkohol übergossen und flambiert, bevor es in einer kräftigen Brühe, in Champagner, Wein oder Sherry bei schwacher Hitze langsam gar schmort.

Für 4 Personen
Zubereitungszeit:
ca. 1 Stunde 15 Minuten

1. Hähnchen mit Riesling
1 Hähnchen (1,5 kg) in 8 Stücke teilen. Salzen, pfeffern und in Mehl wenden. 150 g Räucherspeck, 4 Schalotten und 2 Möhren in Würfel schneiden und in 4 EL Olivenöl andünsten. Herausnehmen und beiseite stellen. Das Fleisch im Bratfett anbraten. 1 Estragonzweig und 1/2 Bund Petersilie sowie Speck-, Schalotten- und Möhrenwürfel hinzufügen und mit 1/2 l Elsässer Riesling und 1/4 l Hühnerbrühe aufgießen. Aufkochen lassen und zugedeckt in etwa 45 Minuten gar schmoren. Hähnchen und Gemüse auf einer Platte warm stellen, die Kräuter entfernen. 2 EL Crème fraîche unter die Sauce rühren und sämig einkochen. Frisch gehackte Petersilie daruntermischen.

2. Hähnchen mit Sherry
1 Hähnchen (1,5 kg) in 8 Stücke teilen. Salzen, pfeffern und in Mehl wenden. 5 EL Olivenöl erhitzen und 2 Knoblauchzehen darin goldgelb braten. Herausnehmen und die Hähnchenteile anbraten. Mit der abgeriebenen Schale von 1 unbehandelten Orange und 1 TL Thymianblättchen bestreuen. Mit 1/8 l Fino-Sherry und 1/4 l Hühnerbrühe aufgießen und zugedeckt bei schwacher Hitze 40 Minuten gar schmoren. Die Hähnchenteile auf einer Platte warm stellen. Fruchtfilets von 2 Orangen und 100 g mit Sardellen gefüllte Oliven in die Sauce geben. Kurz durchkochen lassen und über das Hähnchen verteilen.

3. Hähnchen mit Zitronensauce
1 Hähnchen (1,5 kg) in 8 Stücke teilen. Saft von 2 Zitronen mit Salz und Pfeffer würzen und die Hähnchenstücke darin 1 Stunde marinieren. 4 EL Keimöl in einem Bräter erhitzen und die Geflügelteile anbraten. Mit 200 ml Geflügelbrühe und der restlichen Marinade begießen. 2 Thymianzweige hinzufügen und in 40 Minuten gar schmoren. Die Hähnchenteile auf einer Platte warm stellen. Die Thymianzweige aus der Sauce nehmen, 4 EL Crème fraîche einrühren. Sämig einkochen lassen und das Geflügel damit überziehen.

4. Hähnchen auf baskische Art
1 Hähnchen (1,5 kg) in 8 Stücke teilen. Salzen, pfeffern und in Mehl wenden. 1 kg Tomaten häuten und mit 250 g grünem Paprika in feine Streifen schneiden. 12 Schalotten vierteln, 1 Knoblauchzehe fein hacken. In insgesamt 100 g Butter nach und nach die Geflügelteile und das Gemüse anschmoren. Mit 200 ml Tomatensaft begießen und 40 Minuten schmoren lassen. Mit Petersilie bestreut servieren.

1

3

2

4

7

8

5. Hähnchen mit Quitten
1 Hähnchen (1,5 kg) in 8 Stücke teilen. Salzen, pfeffern und in Mehl wenden. 1 kg Quitten schälen, vierteln und die Kerngehäuse entfernen.
4 Schalotten in Würfel schneiden. 3 EL Keimöl in einem Bräter erhitzen und die Geflügelteile anbraten, herausnehmen und warm stellen. Schalotten und Quitten im Bratfett bei starker Hitze anbraten. Mit Salz, Pfeffer, 1 TL frisch geraspeltem Ingwer, 1/2 TL gemahlenem Koriander und einigen Safranfäden würzen und mit 1/8 l Hühnerbrühe aufgießen. Geflügelstücke dazugeben und zugedeckt bei schwacher Hitze in 40 Minuten gar schmoren.

6. Hähnchen mit Calvados
1 Hähnchen (1,5 kg) in 8 Stücke teilen. Salzen, pfeffern und in Mehl wenden.
4 Schalotten in kleine Würfel schneiden, 250 g Champignons vierteln. 30 g Butter in einem Bräter erhitzen, Schalotten und Pilze darin anbraten und herausnehmen. 20 g Butter erhitzen und die Hähnchenteile anbraten. Mit 2 cl Calvados begießen, flambieren und die Pilze dazugeben. Mit 1/8 l Hühnerbrühe aufgießen und 40 Minuten schmoren.
2 große Äpfel schälen, achteln und entkernen. In 20 g Butter bei geringer Hitze bräunen. Die Hühnerteile mit den Pilzen auf einer Platte anrichten. 125 g Crème fraîche mit 2 Eigelb verquirlen und mit einem Schneebesen unter den Bratenfond rühren. Die Sauce darf dabei aber keinesfalls kochen. Die Hähnchenteile mit der Sauce und den Apfelstücken servieren.

7. Hähnchen mit Kräutern
1 Hähnchen (1,5 kg) in 8 Stücke teilen. Salzen, pfeffern und in Mehl wenden. 1 Zwiebel und 3 Knoblauchzehen in Würfel schneiden. Die Hähnchenteile in 4 EL Olivenöl anbraten. Zwiebel und Knoblauch hinzufügen und kurz anbraten. Mit 4 cl Noilly Prat ablöschen und 1/8 l trockenem Weißwein und 1/8 l Hühnerbrühe aufgießen. 1 Thymianzweig dazugeben und 30 Minuten schmoren. 1 Bund Frühlingskräuter fein hacken.
2 Tomaten in kleine Würfel schneiden. Die Hähnchenteile auf einer Platte warm stellen. Die Sauce durch ein Sieb streichen, 3 EL Crème fraîche darunterrühren und etwas einkochen. Gehackte Kräuter und Tomatenwürfel daruntermischen und die Sauce über das Geflügel verteilen.

8. Hähnchen mit Steinpilzen
1 Hähnchen (1,5 kg) in 8 Stücke teilen. Salzen, pfeffern und in Mehl wenden.
150 g durchwachsenen Räucherspeck und 2 Zwiebeln in Würfel schneiden. 250 g frische Steinpilze in Scheiben schneiden. Die Hähnchenteile in 2 EL Keimöl und 20 g Butter anbraten. Mit 2 cl Cognac übergießen, flambieren, herausnehmen und warm stellen. Speck- und Zwiebelwürfel im Bratfett glasig dünsten, Pilze und 1 Estragonzweig dazugeben und anbraten. Mit 1/8 l Weißwein und 1/8 l Hühnerbrühe aufgießen. Die Hähnchenteile darin 40 Minuten schmoren. Auf einer Platte warm stellen. 100 ml Sahne in die Pilzsauce gießen und etwas einkochen lassen. 2 EL gehackte Petersilie daruntermischen und die Sauce zum Geflügel servieren.

HÜHNERRAGOUT MARENGO

Dieses klassische Gericht der französischen Küche wird nach dem Originalrezept mit gekochten Krebsen serviert und bei besonderen Anlässen auch noch mit Trüffelstückchen verfeinert.

Für 4 Personen
Zubereitungszeit: 1 Stunde

- 1 Hähnchen (1,5 kg)
- Salz
- frisch gemahlener Pfeffer
- 1 EL Mehl
- 6 Schalotten
- 2 Knoblauchzehen
- 200 g Champignons
- 4 Tomaten
- 4 EL Olivenöl
- 1 Lorbeerblatt
- 1/4 l trockener Weißwein
- 1/8 l Hühnerbrühe
- 50 g grüne, entsteinte Oliven
- 4 Scheiben Weißbrot
- 20 g Butter
- 4 Eier

1. Das Hähnchen in 8 Stücke teilen, waschen und trockentupfen. Mit Salz und Pfeffer würzen und in Mehl wenden.
2. Schalotten und Knoblauch schälen und in kleine Würfel schneiden. Die Champignons putzen, falls nötig waschen und in sehr dünne Scheiben schneiden. Die Tomaten blanchieren, häuten, halbieren, entkernen und in Würfel schneiden.
3. Olivenöl in einem Bräter erhitzen und die Hähnchenteile darin bei starker Hitze von allen Seiten goldbraun braten, herausnehmen und warm stellen.
4. Schalotten, Knoblauch und Pilze in das Bratfett geben und einige Minuten andünsten. Die Tomaten daruntermischen, das Lorbeerblatt dazugeben, mit Wein und Brühe aufgießen und aufkochen lassen.
5. Die Hähnchenteile hineingeben und zugedeckt bei schwacher Hitze 40 Minuten schmoren. Zum Ende der Garzeit die Oliven in Scheiben schneiden und untermischen.
6. Das Weißbrot goldbraun rösten und in Dreiecke schneiden. Die Butter in einer Pfanne erhitzen und darin 4 Spiegeleier braten.
7. Das Hähnchenragout auf einer Platte anrichten und mit den Spiegeleiern und den Brotecken servieren.

Pro Person:
Kalorien (kcal) 895
Eiweiß (g) 76
Fett (g) 42
Kohlenhydrate (g) 31

MEXIKANISCHES HÄHNCHEN MIT SCHOKOSAUCE

Hähnchen und Schokolade – eine ungewöhnliche Kombinaton, die allerdings einen Versuch wert ist! Die zartbittere Schokolade mildert auf angenehme Weise die für uns ungewohnte Schärfe der Chilischoten.

Für 4 Personen
Zubereitungszeit: 1 Stunde

- 1 Hähnchen (1,5 kg)
- Salz
- frisch gemahlener Pfeffer
- 1 EL Mehl
- 1 Zwiebel
- 2 Knoblauchzehen
- 4 Chilischoten
- 3 EL Schweineschmalz
- 1 EL Rotweinessig
- 1/4 l Hühnerbrühe
- 2 Fleischtomaten
- 50 g geriebene Mandeln
- 1 Msp gemahlener Koriander
- 1 Msp gemahlene Nelken
- 1 EL Paniermehl
- 50 g Zartbitter-Schokolade

1. Das Hähnchen in 8 Stücke teilen, waschen und trockentupfen. Mit Salz und Pfeffer würzen und in Mehl wenden.

2. Zwiebel und Knoblauch schälen und mit den Chilischoten in sehr kleine Würfel schneiden.

3. Schweineschmalz in einem Bräter erhitzen und die Hähnchenteile darin von allen Seiten goldbraun braten.

4. Das Fleisch herausnehmen, die Zwiebelmischung im Bratfett kurz anbraten, dann mit Essig ablöschen. Das Fleisch wieder in den Topf geben, mit Brühe aufgießen und zugedeckt bei schwacher Hitze 30 Minuten schmoren. Zum Ende der Garzeit den Grill vorheizen.

5. Die Tomaten blanchieren, häuten und in kleine Würfel schneiden. Mandeln, Gewürze, Paniermehl und Tomatenwürfel mischen. Die Schokolade fein reiben.

6. Die Hähnchenteile auf einer feuerfesten Platte anrichten und unter dem Grill in wenigen Minuten knusprig braten.

7. Inzwischen die Mandelmischung in den Bratenfond rühren und einige Minuten köcheln lassen. Nach und nach unter Rühren die Schokolade dazugeben und in der Sauce schmelzen lassen. Die feurige Schokosauce über die Hähnchenstücke gießen.

Pro Person:
Kalorien (kcal) 650
Eiweiß (g) 67
Fett (g) 32
Kohlenhydrate (g) 14

Eine ideale Beilage sind natürlich mexikanische Tortillas, die es fertig zu kaufen gibt. Das Gericht schmeckt aber auch mit körnig gekochtem Reis oder Weißbrot!

UNGARISCHES HÄHNCHEN-PAPRIKÁS

»Paprikás« ist der ungarische Begriff für Gulasch und bedeutet immer: viele Zwiebeln, reichlich würziges Paprikapulver und sanftes Schmoren im eigenen Saft. Kalbs- und Rindergulasch sind jedem ein Begriff, aber in Ungarn ist auch Paprikás aus frisch geschlachteten Hähnchen eine Spezialität.

Für 4 Personen
Zubereitungszeit:
1 Stunde 15 Minuten

- 2 Hähnchen (je 800 g)
- Salz
- frisch gemahlener Pfeffer
- 6 Zwiebeln
- 1 grüne Paprikaschote
- 1 frische rote Peperoni
- 3 EL Butterschmalz
- 2 EL Paprikapulver, edelsüß
- 2 EL Tomatenmark
- 400 ml Hühnerbrühe
- 2 EL gehackte Petersilie

1. Die Hähnchen in je 8 Stücke teilen, waschen und trockentupfen. Mit Salz und Pfeffer würzen.
2. Zwiebeln schälen, halbieren und in feine Streifen schneiden. Paprikaschote und Peperoni waschen, halbieren, Stengelansätze und Samenstränge entfernen und in kleine Würfel schneiden.
3. Das Schmalz in einem großen Bräter erhitzen und die Zwiebeln darin unter Rühren glasig dünsten. Paprikaschote und Peperoni hinzufügen und einige Minuten anbraten.
4. Mit Paprika bestäuben und das Tomatenmark unterrühren.
5. Die Hähnchenteile in den Bräter geben. Mit der Brühe aufgießen, aufkochen lassen und zugedeckt bei schwacher Hitze 45 Minuten schmoren lassen.
6. Die Hähnchenteile in eine Schüssel geben, die Sauce, falls nötig, noch ein wenig einkochen lassen und über das Geflügel verteilen. Mit Petersilie bestreut servieren.

Pro Person:
Kalorien (kcal) 605
Eiweiß (g) 67
Fett (g) 30
Kohlenhydrate (g) 5

• Als Beilage Reis oder Salzkartoffeln reichen.
• Und wer es feuriger liebt, erhöht die Peperonimenge nach eigenem Geschmack!

CHINESISCHES HÄHNCHENRAGOUT

Wie einfach und doch so unbeschreiblich raffiniert chinesische Geflügelgerichte sind, verblüfft uns Europäer immer wieder aufs neue. Bei diesem Klassiker der China-Küche ist es die Schale der Tangarinen, die dem Hähnchen die exotische Note verleiht.

Für 4 Personen
Zubereitungszeit: 40 Minuten

- 1 Hähnchen (1,2 kg)
- Salz
- frisch gemahlener Pfeffer
- 1 cm frische Ingwerwurzel
- 1 Schalotte
- 3 EL Sojasauce
- 4 EL Reiswein
- 1 bis 2 Chilischoten
- Schale von 1 frischen, unbehandelten Tangarine (oder 1 EL getrocknete Tangarinenschale)
- 4 EL Keimöl
- 1 EL Zucker
- 1 EL Weißweinessig
- 4 bis 5 EL Hühnerbrühe
- einige Tropfen Sesamöl

1. Das Hähnchen in 16 Stücke teilen, waschen und trockentupfen. Mit Salz und Pfeffer würzen und in eine Schüssel legen.

2. Ingwer fein reiben, Schalotte schälen und in kleine Würfel schneiden. Beides mit je 1 EL Sojasauce und Reiswein über die Hähnchenteile geben. Gründlich vermischen und 30 Minuten marinieren lassen.

3. Die Chilischoten fein hacken und die Tangarinenschale in kleine Würfel schneiden.

4. Das Öl in einem Bräter erhitzen und die Geflügelteile darin bei starker Hitze von allen Seiten goldbraun anbraten. Zugedeckt bei schwacher Hitze 5 bis 6 Minuten schmoren lassen, herausnehmen und warm stellen.

5. Die Chilischoten und die Tangarinenschale in den Bratenfond geben, mit Zucker bestreuen und leicht karamelisieren lassen.

6. Mit Essig, restlicher Sojasauce, Reiswein und Brühe aufgießen und die Hähnchenteile zurück in den Topf geben. Alles gründlich mit der Sauce mischen und einige Minuten durchkochen lassen. Zum Schluß mit Sesamöl beträufeln.

Pro Person:
Kalorien (kcal) 495
Eiweiß (g) 52
Fett (g) 27
Kohlenhydrate (g) 4

Falls Sie keine frische Tangarine (oder die getrocknete Schale) bekommen, können Sie diese auch durch feingewürfeltes Orangeat ersetzen.

LINSENTOPF MIT GÄNSEKEULEN

Gänse schmecken nicht nur zur Weihnachtszeit. Es lohnt sich immer zuzugreifen, denn das würzige Gänsefleisch mundet nicht nur als Braten. An kalten Januartagen ist auch ein Eintopf eine willkommene Abwechslung.

Für 4 Personen
Zubereitungszeit: 3 Stunden

2 Gänsekeulen (je ca. 500 g)
Salz
frisch gemahlener Pfeffer
2 EL Gänseschmalz
1 Zwiebel
2 frische Thymianzweige
2 cl Cognac
3/4 l Hühnerbrühe
2 Möhren
1 Petersilienwurzel
1 Lauchstange
400 g Linsen
1/4 l Rotwein
1 EL Rotweinessig
1/2 Bund glatte Petersilie

1. Die Gänsekeulen mit Salz und Pfeffer einreiben. Das Gänseschmalz in einem großen Bräter erhitzen und die Keulen darin von allen Seiten goldbraun anbraten.

2. Den Backofen auf 180° C vorheizen.

3. Die Zwiebel schälen und mit den Thymianzweigen zu den Keulen geben. Mit Cognac und 1/4 l Hühnerbrühe begießen und den Topf gut verschlossen auf die mittlere Schiene des Backofens stellen. Dann etwa 1 Stunde 30 Minuten schmoren lassen.

4. Möhre und Petersilienwurzel schälen, den Lauch putzen. Das Gemüse in kleine Würfel schneiden.

5. Die vorgegarten Gänsekeulen und die Zwiebel aus dem Topf nehmen. Den Bratenfond entfetten und das Gemüse und die Linsen hineingeben.

6. Mit der restlichen Brühe und dem Rotwein aufgießen, einmal aufkochen lassen und die Keulen zu den Linsen geben. Zugedeckt erneut in den Backofen stellen und in 30 bis 40 Minuten gar schmoren.

7. Den Eintopf mit dem Essig abschmecken und falls nötig mit Salz und Pfeffer nachwürzen. Frisch gehackte Petersilie daruntermischen.

Pro Person:
Kalorien (kcal) 1180
Eiweiß (g) 57
Fett (g) 72
Kohlenhydrate (g) 56

Keulen anbraten
In einem großen Bräter das Gänseschmalz bei hoher Temperatur erhitzen. Dann die gewürzten Keulen darin unter Wenden von allen Seiten goldbraun anbraten.

Keulen schmoren
Zwiebel und Thymianzweige dazugeben, mit Cognac und Brühe ablöschen. Den Topf gut verschlossen (eventuell Alufolie zu Hilfe nehmen) in den Backofen stellen.

Hülsenfrüchte mitschmoren
Keulen herausnehmen, Bratenfond entfetten und das Suppengrün und die Linsen darin anschmoren. Mit Brühe und Wein aufgießen und zugedeckt gar schmoren.

Wer gerne knusprige Keulen ißt, öffnet die letzten 15 Minuten den Topf und schaltet den Backofen auf 220° C.

WIRSINGTOPF MIT FASAN

Für 4 Personen
Zubereitungszeit: 1 Stunde

4 Fasanenkeulen (Brustfleisch
der Fasane für ein anderes
Gericht verwenden)
Salz
frisch gemahlener Pfeffer
1 kg junger Wirsingkohl
1 EL Keimöl
30 g Butter
1/2 l Hühnerbrühe
3 EL Crème fraîche

1. Die Keulen mit Salz und Pfeffer einreiben. Den Wirsing putzen und in breite Streifen schneiden. Den Backofen auf 180° C vorheizen.
2. Öl und Butter in einem Bräter erhitzen und die Keulen darin anbraten. Mit 1/8 l Brühe begießen und zugedeckt 15 Minuten im Backofen garen.
3. Die Keulen herausnehmen und den Kohl im Bratenfond andünsten. Mit der restlichen Brühe aufgießen, die Keulen dazugeben und verschlossen ca. 30 Minuten im Backofen garen.
4. Crème fraîche unter das Gemüse rühren und einige Minuten durchkochen lassen.

Pro Person:
Kalorien (kcal) 472
Eiweiß (g) 50
Fett (g) 23
Kohlenhydrate (g) 11

CASSOULET MIT ENTENKEULEN

Für 4 Personen
Zubereitungszeit: 2 Stunden
Einweichzeit: 8 Stunden

200 g weiße Bohnen
1 l Wasser
4 Entenkeulen (je ca. 200 g)
Salz
frisch gemahlener Pfeffer
1 EL Enten- oder
Gänseschmalz
1 Zwiebel
1 Knoblauchzehe
2 frische Thymianzweige
1 Lorbeerblatt
2 EL gehackte Petersilie

1. Die Bohnen über Nacht im Wasser einweichen.
2. Den Backofen auf 180° C vorheizen.
3. Entenkeulen mit Salz und Pfeffer würzen und im heißen Schmalz rundherum anbraten.
4. Die abgetropften Bohnen, die in Würfel geschnittene Zwiebel und Knoblauchzehe, Thymianzweige und Lorbeerblatt in das Bratfett geben und miteinander anbraten.
5. Mit dem Einweichwasser der Bohnen aufgießen und gut verschlossen 1 Stunde 40 Minuten im Backofen gar schmoren. Mit Petersilie bestreut servieren.

Pro Person:
Kalorien (kcal) 675
Eiweiß (g) 47
Fett (g) 39
Kohlenhydrate (g) 25

PUTENBRUST IN MILCH GESCHMORT

Das Garen in Milch verleiht dem Geflügel eine besondere Note. Durch die lange und sanfte Garzeit verwandelt sich die Milch in eine samtige Creme, die das Fleisch umhüllt. Eine Kombination, die den Italienern abgeschaut wurde und die man unbedingt probieren sollte!

Für 4 Personen
Zubereitungszeit: 2 Stunden

1 kg Putenbrust
2 Knoblauchzehen
Salz
frisch gemahlener Pfeffer
50 g Butter
2 Salbeiblätter
je 1 frischer Rosmarin- und Thymianzweig
1 EL Aceto Balsamico
2 cl Madeira
1/2 l Vollmilch

1. Die Putenbrust waschen und trockentupfen. Die Knoblauchzehen schälen, fein zerdrücken, mit Salz und Pfeffer vermischen und das Fleisch damit einreiben.
2. Den Backofen auf 160° C vorheizen.
3. Die Butter in einem Bräter erhitzen und das Fleisch darin von allen Seiten anbraten. Die Kräuter dazugeben und kurz anbraten.
4. Mit Balsamessig und Madeira ablöschen und etwas einkochen lassen. Nach und nach die Milch unter Rühren dazugießen.
5. Den Topf gut verschließen, auf die mittlere Schiene des Backofens stellen und das Geflügel in 1 1/2 Stunden gar schmoren.
6. Putenbrust herausnehmen, mit einem Stück Alufolie umhüllen und ruhen lassen.
7. Den Topf auf die Kochplatte stellen und die Sauce bei mittlerer Hitze sämig einkochen lassen. Anschließend durch ein Sieb passieren und das in Scheiben geschnittene Putenfleisch damit überziehen.

Pro Person:
Kalorien (kcal) 520
Eiweiß (g) 57
Fett (g) 26
Kohlenhydrate (g) 6

Den Braten kann man auch auf der Kochplatte bei schwacher Hitze gar schmoren.

GESCHMORTE PUTENKEULE MIT GEMÜSE

Die Oberkeule hat zwar den höchsten Fettgehalt aller Putenteile, schmeckt dafür aber besonders aromatisch. Sie eignet sich deswegen vorzüglich zum Schmoren, da das dunkle Fleisch auch bei längerer Garzeit noch saftig bleibt!

Für 4 Personen
Zubereitungszeit: 2 Stunden

2 Putenoberkeulen (je 500 g)
Salz
frisch gemahlener Pfeffer
2 Knoblauchzehen
2 Zwiebeln
1 rote und 1 gelbe Paprika
2 kleine Zucchini
1 kleine Aubergine
2 Fleischtomaten
4 EL Olivenöl
je 1 frischer Rosmarin- und Thymianzweig
1/4 l trockener Weißwein
10 bis 12 Basilikumblätter

1. Putenoberkeulen waschen, trockentupfen und mit Salz und Pfeffer einreiben.
2. Knoblauch und Zwiebeln schälen. Paprika waschen, halbieren und entkernen.
Die Zucchini und die Aubergine waschen und die Stielenden entfernen. Die Tomaten blanchieren, häuten, halbieren und die Kerne entfernen.
3. Zwiebel, Knoblauch, Paprika und Tomaten in kleine, die Zucchini und die Aubergine in große Würfel schneiden.
Den Backofen auf 180° C vorheizen.
4. Das Öl in einem großen Bräter erhitzen und das Fleisch von allen Seiten darin anbraten. Thymian und Rosmarin dazugeben, mit Wein aufgießen, zugedeckt auf die mittlere Schiene des Backofens stellen und 45 Minuten schmoren lassen.
5. Dann den Deckel abnehmen und das kleingeschnittene Gemüse zum Fleisch geben. Mit dem Bratenfond vermischen und zugedeckt in weiteren 45 Minuten gar schmoren.
6. Das Fleisch herausnehmen und durchziehen lassen. Basilikumblätter in sehr feine Streifen schneiden und unter das Gemüse mischen.
7. Das Fleisch vom Knochen lösen, in Scheiben schneiden und auf dem Gemüse anrichten.

Pro Person:
Kalorien (kcal) 506
Eiweiß (g) 50
Fett (g) 23
Kohlenhydrate (g) 9

Einfach, aber köstlich: Die Putenoberkeule nur mit Tomaten schmoren und mit frischem Basilikum bestreuen!

GESCHMORTE TAUBEN NACH GROSSMUTTERS ART

Eine Taube, meist mit Brot gefüllt, gab es früher oft auf dem Mittagstisch einfacher Leute. Heute sind Wild- oder Haustauben, besonders aus der französischen Region Bresse, eine teuere und seltene Delikatesse. Das zarte, wohlschmeckende Fleisch mit dem kräftigen Aroma ist mit nichts zu vergleichen.

Für 4 Personen
Zubereitungszeit: 1 Stunde

- 4 küchenfertige Tauben (je 350 g), mit Innereien
- Salz
- frisch gemahlener Pfeffer

Für die Füllung:

- 3 Brötchen vom Vortag
- 200 ml Milch
- 1 Zwiebel
- 20 g Butter
- 2 Bund Petersilie
- 2 Eier
- frisch geriebene Muskatnuß
- 50 g Butterschmalz
- 2 cl Cognac
- 1/2 l Hühnerbrühe
- 2 EL saure Sahne
- 2 EL Crème fraîche
- 1 TL Mehl

1. Die Tauben waschen und trockentupfen. Innen und außen mit Salz einreiben.
2. Für die Füllung die Brötchen in kleine Würfel schneiden. Die Milch erhitzen, über die Brotwürfel gießen, durchziehen lassen, dann leicht ausdrücken.
3. Die Zwiebel schälen, in kleine Würfel schneiden und in der erhitzten Butter glasig dünsten. Die eine Hälfte der Petersilie fein hacken und mit den Eiern und den Zwiebeln unter das Brot mischen.
4. Die Herzen und Lebern der Tauben sehr fein wiegen und ebenfalls zur Füllung geben. Mit Salz, Pfeffer und Muskat würzig abschmecken.
5. Die Tauben mit der Farce füllen. Die Öffnung zunähen, Flügel und Beine mit Hilfe eines Küchengarns festbinden.
6. Das Butterschmalz in einem großen Bräter bei hoher Temperatur erhitzen und die Tauben darin von allen Seiten goldbraun anbraten. Die andere Hälfte der Petersilie in das Bratfett geben und kurz anbraten.
7. Den größten Teil des Bratfetts abschöpfen, dann die Tauben mit Cognac ablöschen. Mit der Hühnerbrühe aufgießen und zugedeckt bei mittlerer Hitze 30 Minuten schmoren. Die Tauben herausnehmen und warm stellen.
8. Saure Sahne, Crème fraîche und Mehl verquirlen, unter die Sauce rühren und sämig einkochen lassen. Die Sauce durch ein Sieb passieren und mit Petersilienkartoffeln zu den Tauben reichen.

Pro Person:
Kalorien (kcal) 845
Eiweiß (g) 83
Fett (g) 41
Kohlenhydrate (g) 21

• Wer die Tauben knusprig mag, legt sie kurz unter den Grill.
• Gerichte mit unausgebluteten Tauben werden von echten Gourmets besonders geschätzt.
• Beim Schmoren bleiben die mageren Tauben herrlich saftig.

Füllung zubereiten
Brötchen in Würfel schneiden und mit der heißen Milch übergießen. Zwiebelwürfel glasig dünsten, Petersilie und die Innereien fein hacken und mit den Eiern zum ausgedrückten Brot geben. Vermischen und würzig abschmecken.

Füllen und binden (dressieren)
Die gewürzten Tauben mit der Farce füllen. Die Öffnungen mit einem Faden und einer Nadel zunähen (siehe Seite 21). Die beiden Keulen und die Flügel so überkreuzen und zusammenbinden, daß sie nicht abstehen.

Anbraten
Das Butterschmalz in einem großen Schmortopf bei hoher Temperatur erhitzen. Die Tauben darin von allen Seiten unter Wenden goldbraun anbraten. Das überschüssige Bratfett abgießen und die Petersilie dazugeben.

Schmoren
Die Tauben mit der Brust nach oben in den Topf legen. Zuerst mit Alkohol, dann mit Brühe begießen. Darauf achten, daß das Fleisch nicht am Topfboden haften bleibt. Einmal aufkochen lassen, dann zugedeckt bei mittlerer Hitze gar schmoren.

Sauce zubereiten
Bei der Garprobe muß beim Einstechen in die Brust klarer Fleischsaft austreten. Tauben herausnehmen und warm stellen. Crème fraîche, saure Sahne und Mehl in die Sauce rühren. Sämig einkochen lassen und durch ein Sieb passieren.

WACHTELN MIT PORTWEIN

Für 4 Personen
Zubereitungszeit: 30 Minuten

4 küchenfertige Wachteln
(je 180 g)
Salz
frisch gemahlener Pfeffer
4 Scheiben grüner Speck
4 eingelegte Weinblätter
140 g kalte Butter
100 ml Portwein
200 ml Hühnerbrühe

1. Die Wachteln salzen und pfeffern. Jede Wachtel mit 1 Speckscheibe und 1 Weinblatt umhüllen und mit Küchengarn festbinden.

2. 40 g Butter in einem Bräter erhitzen und die Wachteln darin von allen Seiten goldbraun braten.

3. Das überschüssige Fett abgießen, dann mit Portwein aufgießen und zugedeckt 15 bis 20 Minuten schmoren.

4. Wachteln herausnehmen, Bratenfond mit der Brühe aufgießen und etwas einkochen lassen.

5. Restliche Butter in Flöckchen schneiden und zum Binden unter die Sauce schlagen.

Pro Person:
Kalorien (kcal) 806
Eiweiß (g) 41
Fett (g) 62
Kohlenhydrate (g) 4

WACHTELN MIT ACETO BALSAMICO

Für 4 Personen
Zubereitungszeit: 30 Minuten

4 küchenfertige Wachteln
(je 180 g)
Salz
frisch gemahlener Pfeffer
4 frische kleine Thymianzweige
4 Petersilienstengel
2 EL Olivenöl
2 EL Aceto Balsamico
200 ml Hühnerbrühe
50 g kalte Butter

1. Die Wachteln mit Salz und Pfeffer würzen. Die Kräuter in die Bauchhöhlen füllen und die Öffnungen mit Zahnstochern zustecken.

2. Öl erhitzen und die Wachteln darin von allen Seiten goldbraun braten.

3. Mit Balsamessig und Brühe aufgießen und zugedeckt bei mittlerer Hitze 15 Minuten schmoren. Von Zeit zu Zeit mit dem Bratenfond begießen.

4. Wachteln herausnehmen und den Bratensaft mit Butterflöckchen binden.

Pro Person:
Kalorien (kcal) 396
Eiweiß (g) 38
Fett (g) 25
Kohlenhydrate (g) 0

GESCHMORTE TAUBEN MIT WALDPILZEN

Für 4 Personen
Zubereitungszeit: 45 Minuten

4 küchenfertige Tauben (je 300 g)
Salz
frisch gemahlener Pfeffer
2 EL Keimöl
50 g Räucherspeck, in Würfel geschnitten
2 EL Zwiebelwürfel
500 g frische gemischte Waldpilze
1/2 TL Thymianblättchen
1/8 l Brühe
1/8 l Rotwein
3 EL Crème fraîche
2 EL gehackte Petersilie

1. Tauben salzen und pfeffern und im heißen Öl anbraten.
2. Herausnehmen und Speck- und Zwiebelwürfel darin glasig braten. Die in Scheiben geschnittenen Pilze und die Thymianblättchen dazugeben und kurz anbraten.
3. Die Tauben wieder in den Bräter geben, mit Brühe und Rotwein aufgießen und zugedeckt 30 Minuten schmoren.
4. Die Tauben herausnehmen. Crème fraîche unter die Pilzsauce rühren, etwas einkochen und Petersilie daruntermischen.

Pro Person:
Kalorien (kcal) 626
Eiweiß (g) 66
Fett (g) 31
Kohlenhydrate (g) 5

SCHMORHÄHNCHEN MIT ESTRAGON

Für 4 Personen
Zubereitungszeit: 1 Stunde

1 Hähnchen (1,2 kg), ohne Innereien
2 EL Zitronensaft
Salz
frisch gemahlener Pfeffer
2 frische Estragonzweige
40 g Butter
2 EL Schalottenwürfel
1/8 l trockener Weißwein
1/4 l Hühnerbrühe
4 EL Crème fraîche
2 Eigelb
1 EL Dijon-Senf

1. Das Hähnchen mit Zitronensaft, Salz und Pfeffer einreiben. In die Bauchhöhle 1 Estragonzweig geben und in der heißen Butter von allen Seiten anbraten.
2. Restlichen Estragon und Schalotten dazugeben und kurz andünsten. Mit Wein und Brühe aufgießen und im geschlossenen Topf bei mittlerer Hitze 45 Minuten garen. Das Hähnchen herausnehmen und warm stellen.
3. Crème fraîche, Eigelb und Senf verqirlen und unter den Schmorsaft rühren. Die Sauce erhitzen, aber nicht mehr kochen lassen.

Pro Person:
Kalorien (kcal) 770
Eiweiß (g) 49
Fett (g) 56
Kohlenhydrate (g) 2

HÜHNERFRIKASSEE

Frikassee-Gerichte können auf eine lange Tradition zurückblicken, bereits in einem Kochbuch aus dem Jahre 1745 sind sie zu finden. Die Zubereitungsweise ist bis heute die gleiche geblieben. Verwandlungsfähig ist das Frikassee allerdings durch die Zugabe der verschiedensten Zutaten – ganz nach dem eigenen Geschmack!

Für 6 Personen
Zubereitungszeit: 50 Minuten

- 1 gekochtes Suppenhuhn (1,5 kg), Rezept siehe Seite 31
- 200 g Spargel
- 60 g Butter
- 100 g Champignons
- 2 EL Mehl
- 1/4 l trockener Weißwein
- 1/4 l Hühnerbrühe
- Salz
- gemahlener weißer Pfeffer
- 4 eingelegte Artischockenherzen
- 300 g Kalbsbries, blanchiert und gehäutet
- Saft von 1 Zitrone
- 100 ml Sahne
- 2 Eigelb
- 1/2 Bund gehackte Petersilie

1. Das Huhn häuten, entbeinen und das Fleisch in mundgerechte Stücke zerteilen.
2. Den Spargel schälen und in Stücke schneiden. Dann in 10 g Butter andünsten, mit 1/4 l Salzwasser aufgießen und in etwa 15 Minuten bißfest kochen.
3. Die Pilze putzen, vierteln und in 10 g Butter andünsten.
4. Die restliche Butter in einem halbhohen Topf erhitzen. Das Mehl hineinstreuen und unter Rühren anschwitzen.
5. Nach und nach mit Wein und Brühe aufgießen und kräftig durchrühren. Mit Salz und Pfeffer würzen, etwa 15 Minuten leise köcheln lassen und dabei gelegentlich umrühren.
6. Artischockenherzen vierteln und das Kalbsbries in kleine Stücke teilen. Mit Spargel, Champignons und Hühnerfleisch in die Sauce geben und vermischen.
7. Mit Zitronensaft und Salz würzen und kurz durchkochen lassen.
8. Sahne und Eigelb verquirlen und unter das Frikassee rühren. Erhitzen, aber nicht mehr kochen lassen. Mit frisch gehackter Petersilie bestreuen.

Pro Person:
Kalorien (kcal) 819
Eiweiß (g) 49
Fett (g) 58
Kohlenhydrate (g) 7

Zutaten vorbereiten
Hühnerfleisch in 2 cm große Stücke teilen. Spargel in 3 cm große Stücke schneiden und gar kochen. Pilze andünsten, Artischockenherzen vierteln, Bries in kleine Stücke teilen.

Béchamelsauce zubereiten
Butter aufschäumen lassen. Mehl darüberstreuen und anschwitzen. Mit kalter Flüssigkeit aufgießen, gut durchschlagen und mindestens 15 Minuten köcheln lassen.

Frikassee fertigstellen
Sauce würzen, vorbereitete Zutaten daruntermischen und einige Minuten köcheln lassen. Sahne und Eigelb verquirlen, darunterrühren, erhitzen, aber keinesfalls kochen lassen.

1. Hühnerfrikassee mit Morcheln

Das gehäutete und entbeinte Suppenhuhn in größere Stücke schneiden. Dann wie im Grundrezept beschrieben eine Béchamelsauce zubereiten.
2 EL Schalottenwürfel in 30 g Butter anbraten. 12 geputzte und gründlich gewaschene frische Morcheln hinzufügen und kurz andünsten. Mit 2 EL Noilly Prat abschmecken und mit dem Hühnerfleisch unter die Sauce mischen. 1/8 l Sahne und 2 Eigelb verquirlen und das Frikassee damit legieren. Nicht mehr kochen lassen! Reichlich frische grobgehackte Petersilie daruntermischen.

2. Hühnerfrikassee mit Kräutern

Das gehäutete und entbeinte Suppenhuhn in größere Stücke schneiden. Dann wie im Grundrezept beschrieben eine Béchamelsauce zubereiten.
2 Schalotten und 1 Knoblauchzehe fein hacken und in 30 g Butter glasig dünsten. 6 bis 8 Sauerampfer- und 2 Estragonblätter in feine Streifen schneiden. Zusammen mit je 2 EL frischen Kerbel- und Brunnenkresseblättern zu den Schalotten geben, andünsten und mit dem Hühnerfleisch unter die Béchamelsauce mischen. 1/8 l Sahne mit 2 Eigelb verquirlen und das Frikassee damit legieren.

3. Hühnerfrikassee mit Erbsen und Garnelen

Das gehäutete und entbeinte Suppenhuhn in größere Stücke schneiden. Dann wie im Grundrezept beschrieben eine Béchamelsauce zubereiten.
1 Zwiebel in kleine Würfel schneiden und in 30 g Butter glasig dünsten. 200 g tiefgekühlte Erbsen darin andünsten, mit 3 EL Hühnerbrühe aufgießen und in wenigen Minuten garen. 150 g geschälte Garnelen dazugeben, kurz erwärmen und mit dem Hühnerfleisch unter die Sauce mischen. 1/8 l Sahne und 2 Eigelb verquirlen und das Hühnerfrikassee damit legieren. Mit 1 EL gehacktem Dill bestreuen.

4. Hühnerfrikassee mit Ingwer und Curry

Das gehäutete und entbeinte Suppenhuhn in größere Stücke schneiden. Dann wie im Grundrezept beschrieben eine Béchamelsauce zubereiten.
2 Knoblauchzehen und 1/2 frische Pfefferschote sehr fein hacken und in 2 EL Keimöl kurz anbraten, keinesfalls bräunen lassen. 1 cm frische Ingwerknolle schälen, fein reiben und zum Knoblauch geben. Mit 1 TL Currypulver bestäuben, 1/8 l Sahne aufgießen und einige Minuten kochen lassen. Von der Kochstelle nehmen und etwas abgekühlt mit den 2 Eigelb verquirlen. Die Mischung mit dem Hühnerfleisch unter die Béchamelsauce mischen.

1

2

3

4

GÄNSEKLEIN

Nichts blieb früher von einer Gans übrig, alles wurde verwertet, Hals, Flügel, Magen, Herz, ja sogar die Füße. Ein oder zwei Tage nach dem Gänsebraten wurde daraus das Gänseklein (in Bayern Gansjung genannt) gekocht. Traditionellerweise werden dazu Semmelknödel serviert.

Für 4 Personen
Zubereitungszeit: 2 1/2 Stunden
Marinierzeit: 2 Tage

- Gänseklein von 1 Gans (Hals, Flügel, Füße, Magen und Herz)
- 1 Zwiebel
- 2 Nelken
- 2 Lorbeerblätter
- 1 Bund Suppengrün
- 1 frischer Thymianzweig
- 1 TL Pfefferkörner
- 1/4 l Rotweinessig
- 1 l Wasser
- 4 EL Gänseschmalz
- Salz
- 1 TL Zucker
- 3 EL Mehl
- frisch gemahlener Pfeffer

1. Das Gänseklein waschen, in kleinere Stücke schneiden und in eine tiefe Schüssel geben.
2. Die Zwiebel schälen und mit den 2 Nelken die Lorbeerblätter daran feststecken. Suppengrün waschen und mit der Zwiebel, dem Thymian und den Pfefferkörnern zu dem Gänseklein geben. Mit Essig und Wasser begießen, bis alles bedeckt ist. Zugedeckt 2 bis 3 Tage an einem kühlen Platz marinieren.
3. Am Tag der Zubereitung das Gänseklein, das Gemüse und die Kräuter in einem Sieb abtropfen lassen, die Flüssigkeit aufbewahren.
4. In einem Schmortopf 1 EL Gänseschmalz erhitzen und das Gänseklein darin scharf anbraten. Suppengrün und Zwiebel dazugeben, salzen und mit Marinade aufgießen. 1 1/2 bis 2 Stunden bei mittlerer Hitze kochen lassen.
5. In einem zweiten Topf das restliche Gänseschmalz erhitzen. Den Zucker hineinstreuen und goldbraun karamelisieren lassen. Das Mehl darüberstäuben und nach und nach mit 1/2 l Kochbrühe aufgießen. Mindestens 15 Minuten köcheln lassen, dann das bereits gekochte Gänseklein in die Sauce geben und weitere 15 Minuten garen.
6. Mit Salz, Pfeffer und, falls nötig, mit Essig abschmecken und mit Semmelknödel servieren.

Pro Person:
Kalorien (kcal) 430
Eiweiß (g) 29
Fett (g) 29
Kohlenhydrate (g) 7

• Sehr gut schmeckt das Gericht auch mit Entenklein.
• Kenner sind der Meinung, ein Gansjung schmeckt nur, wenn es mit Gänseblut angereichert ist. Deshalb lassen bayerische Bäuerinnen nach dem Schlachten häufig das Blut im Gänsehals stocken. Es löst sich dann während des Garens und macht das Gansjung dunkler und noch schmackhafter!

EINGEMACHTE ENTE

CONFIT DE CANARD

Enten (und auch Gänse) lassen sich wunderbar in ihrem eigenen Fett konservieren. Dieses traditionelle französische Gericht kann im Winter warm, im Sommer aber auch als gekühlte Delikatesse serviert werden. Confit de canard läßt sich bis zu einem halben Jahr aufbewahren.

Für 6 bis 8 Personen
Zubereitungszeit: 3 1/2 Stunden
Marinierzeit: 12 Stunden

1 fette Bauernente
(ca. 3 kg), ohne Innereien
150 g Salz
2 EL frisch gemahlener Pfeffer
1 EL gerebelter Majoran
1 EL getrockneter Thymian
1 zerbröseltes Lorbeerblatt
4 Knoblauchzehen
1/8 l Wasser
ca. 100 g Schweineschmalz

1. Das sichtbare Fett der Ente ablösen, auch die fetten Hautstücke abtrennen und kleinschneiden.
2. Die Ente in 8 Stücke teilen. Salz und Gewürze vermischen. Knoblauchzehen schälen, fein hacken und unter die Gewürzmischung geben. Einen Steinguttopf damit ausstreuen und das Fleisch hineinschichten. Dabei zwischen jede Schicht die Gewürzmischung streuen. Zudecken und im Kühlschrank 12 Stunden marinieren lassen.
3. Das Entenfett mit dem Wasser in einen großen Bräter geben und bei schwacher Hitze auslassen. Sobald die Hautstückchen knusprig sind, das Fett durch ein mit einem Mulltuch ausgelegtes Sieb gießen.
4. Mit einem Tuch die Salzmischung von den Geflügelteilen sorgfältig abreiben. Das Entenschmalz im Bräter erneut erwärmen und die Geflügelteile hineinlegen. Sie müssen völlig mit Fett bedeckt sein. Falls die Fettmenge nicht reicht, so viel Schweineschmalz als nötig dazugeben.
5. Die Entenstücke bei mittlerer Hitze 1 1/2 bis 2 Stunden garen und zwischendurch immer wieder mit einem Holzlöffel umrühren. Sie dürfen dabei auf keinen Fall anbraten.
6. Sobald das Fleisch gar ist, mit einem Schaumlöffel herausheben, etwas abkühlen lassen, dann die Knochen herauslösen.
7. Den gut gesäuberten Steinguttopf mit einer Fettschicht ausgießen, das Fleisch daraufgeben und mit dem restlichen Fett begießen. Das Fleisch muß ganz bedeckt sein.
8. Mit Pergamentpapier verschließen und kalt stellen.
Mit Bauernbrot genießen oder z. B. »Cassoulet« (siehe Seite 93) daraus zubereiten.

Pro Person:
Kalorien (kcal) 1107
Eiweiß (g) 72
Fett (g) 83
Kohlenhydrate (g) 0

• Man kann das Confit auch bei 120° C im Backofen garen.
• Wird Fleisch aus dem Topf entnommen, muß immer darauf geachtet werden, daß anschließend keine Teile aus dem Fett ragen.

Geflügel aus dem Backofen

In fast allen Ländern der Welt zu Hause und für die schönsten Tage im Jahr ein Muß: Ob Putenrollbraten oder Weihnachtsgans – der Duft von gebratenem Geflügel bleibt immer etwas Unvergleichliches.

GÄNSEBRATEN MIT APFEL-KRÄUTER-FÜLLUNG

Ein Gänsebraten, dessen vorzüglicher Duft sich schnell im ganzen Haus verbreitet, kommt meistens nur an bestimmten Festtagen wie Martinstag oder Weihnachten auf den Tisch. Da eine Gans selbst für eine vierköpfige Familie zu groß ist, genießt man sie auch oft mit Freunden. Sicherlich ist das mit ein Grund, weshalb der Gänsebraten immer wieder etwas Besonderes ist.

Für 8 Personen
Zubereitungszeit: 3 1/2 Stunden

800 g kleine, aromatische Äpfel
6 cl Calvados
2 Salbeiblätter
2 frische Majoranzweige
2 Stengel glatte Petersilie
1 küchenfertige Bauerngans (4 bis 5 kg)
Salz
frisch gemahlener Pfeffer
1 l Wasser

1. Die Äpfel schälen, vierteln und die Kerngehäuse entfernen. In eine Schüssel geben und mit 4 cl Calvados beträufeln. Zugedeckt etwa 10 Minuten marinieren. Inzwischen die Kräuter hacken und unter die Äpfel mischen.
2. Die Gans innen und außen waschen, trockentupfen und überschüssiges Fett herauslösen. (Das Fett klein scheiden und bei schwacher Hitze zu Schmalz auslassen.)
3. Die Gans innen und außen mit Salz und Pfeffer einreiben. Die Haut der Gans rundherum, aber vor allem zwischen den Keulen mit einem Schaschlikspieß einstechen, damit das Fett besser ablaufen kann.
4. Die Apfel-Kräuter-Mischung in die Gans füllen und die Öffnung mit einem Küchengarn zunähen.
5. In einem Gänsebräter das Wasser auf der Kochplatte zum Kochen bringen. Den dazugehörenden Rost hineingeben und die Gans mit der Bauchseite nach unten darauflegen. Zugedeckt 15 Minuten bei mittlerer Hitze dämpfen.
6. Den Backofen auf 180° C vorheizen.
7. Die Gans mit dem Gitter aus dem Bräter nehmen, die Hälfte der Gänsebrühe abgießen und aufbewahren.
8. Dann mit dem Rost zurück in den Bräter geben und auf der unteren Schiene des Backofens 2 bis 2 1/2 Stunden braten. Nach 30 Minuten die Gans wenden. Während der gesamten Garzeit die Gans immer wieder mit Gänsebrühe begießen.
9. Sobald die Gans gar ist, mit dem Rost herausheben und in den Deckel des Bräters legen. Den Backofen auf 220° C stellen. Die Haut mit dem restlichen Calvados und Bratensaft bestreichen und auf der mittleren Schiene des Backofens knusprig braun braten.
10. Den Bratenfond entfetten und etwas einkochen lassen.
11. Die Gans tranchieren (siehe Seite 26), die Füllung in eine Schüssel geben und mit der Sauce dazu reichen.

Pro Person:
Kalorien (kcal) 1420
Eiweiß (g) 59
Fett (g) 117
Kohlenhydrate (g) 12

Füllung vorbereiten
Die Äpfel schälen, vierteln und entkernen. In eine Schüssel geben und mit Calvados 10 Minuten marinieren. Die Blätter der Kräuter abzupfen, mit einem Wiegemesser zerkleinern und unter die Äpfel mischen.

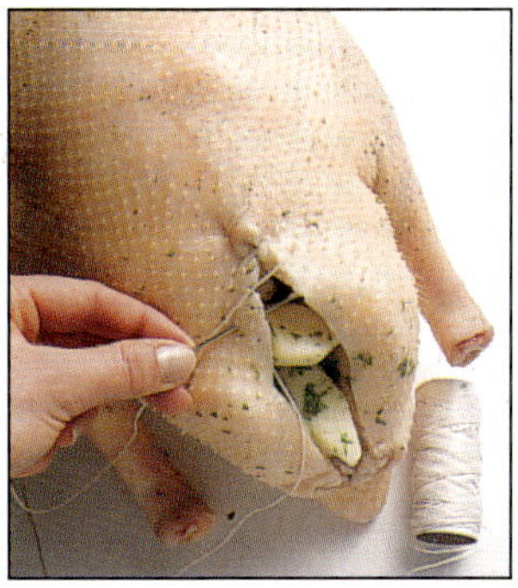

Gans vorbereiten
Die Gans waschen und trockentupfen. Die Gänsehaut mit einem Holzspieß vor allem zwischen den Keulen einstechen. Die Gans salzen und pfeffern, füllen und die Öffnung mit Küchengarn zunähen. Den Backofen auf 180° C vorheizen.

Vordämpfen
1 l Wasser in einem Gänsebräter auf der Kochplatte erhitzen. Die Gans mit der Brust nach unten auf den Rost legen, in den Bräter geben und zugedeckt ca. 15 Minuten dämpfen. Die Hälfte der Brühe abgießen und aufbewahren.

Garen
Die Gans mit der Brust nach unten im Bräter auf der untersten Schiene des Backofens in etwa 2 1/2 Stunden gar braten. Nach ca. 30 Minuten wenden und während der gesamten Bratzeit immer wieder mit der zurückbehaltenen Gänsebrühe begießen.

Knusprig braten
Die gegarte Gans mit der Brust nach oben in den Deckel des Bräters legen und mit restlichem Calvados und Bratensaft (evtl. auch kaltem Salzwasser) bepinseln. Bei 220° C braun und knusprig braten. Den Bratenfond entfetten und etwas einkochen lassen.

WILDENTEN MIT PFLAUMENFÜLLUNG

Um fettärmere Geflügelarten wie z. B. Wildente oder Fasan beim Braten im Backofen vor dem Austrocknen zu schützen, bestreicht man das Geflügel mit reichlich Butter oder umhüllt es mit einem Speckmantel.

Für 4 Personen
Zubereitungszeit: 1 Stunde
Marinierzeit: 30 Minuten

- 20 Dörrpflaumen
- 1/8 l Portwein
- 2 Wildenten (je 1 kg)
- Salz
- frisch gemahlener Pfeffer
- 1 Knoblauchzehe
- 75 g Butter
- 1 EL Gelierzucker
- 4 EL Apfelessig
- 1/4 l fertiger Wildfond
- 1 EL rotes Johannisbeergelee

1. Die Dörrpflaumen halbieren oder vierteln, mit Portwein begießen und mindestens 30 Minuten darin einweichen.
2. Den Backofen auf 225° C vorheizen.
3. Die Enten waschen und trockentupfen. Innen und außen mit Salz, Pfeffer und der zerdrückten Knoblauchzehe einreiben.
4. Die Enten mit den abgetropften Plaumen füllen und die Öffnungen zunähen. Die Haut dick mit Butter bestreichen und nebeneinander in eine Bratreine legen. Im vorgeheizten Backofen auf der mittleren Schiene 10 bis 15 Minuten braten.
5. In einem kleinen Topf Gelierzucker und Essig erhitzen und siruparfig auf die Hälfte einkochen lassen.
6. Die Enten damit bestreichen und weitere 20 bis 30 Minuten braten.
7. Sobald die Enten gar sind, herausnehmen und warm stellen. Den Bratenfond entfetten. Mit dem Wildfond und der restlichen Marinade aufgießen, das Johannisbeergelee darunterrühren und etwas einkochen lassen.
8. Die Enten tranchieren (siehe Seite 26), die Füllung in Scheiben schneiden. In einer Schüssel servieren. Die Geflügelteile mit der Sauce begießen.

Pro Person:
Kalorien (kcal) 884
Eiweiß (g) 105
Fett (g) 38
Kohlenhydrate (g) 9

Sie können Wildenten auch mit gemischtem und eingeweichtem Backobst oder mit in zerlassener Butter vorgeschmorten Äpfeln füllen.

FASAN MIT TRAUBEN

Eine wirklich gelungene Kombination ist die Verbindung von dem leicht säuerlichen Geschmack der saftigen Weintrauben und dem zarten Wildgeschmack des Fasans. Um diese Harmonie noch zu unterstützen, sollte man beim Einkauf einen Fasanenhahn bevorzugen.

Für 4 Personen
Zubereitungszeit: 1 Stunde

- 2 Fasane (je 800 g)
- Salz
- frisch gemahlener Pfeffer
- 100 g Butter
- 4 dünne Scheiben grüner Speck
- 800 g grüne Trauben
- 1 EL Puderzucker
- 4 cl Cognac
- 1/2 l Hühnerbrühe
- 4 EL Crème fraîche

1. Die Fasane waschen und trockentupfen. Innen und außen mit Salz und Pfeffer einreiben und mit 20 g Butter bestreichen.
2. Den Backofen auf 220° C vorheizen.
3. Jeden Fasan mit 2 mehrfach eingeschnittenen Speckscheiben umhüllen und mit Küchengarn festbinden (siehe Seite 20).
4. Den Boden eines Bräters mit 30 g Butter ausstreichen, die Fasane mit der Brust nach unten hineinlegen. Auf die untere Schiene des Backofens stellen und 15 Minuten braten.
5. Die Weintrauben halbieren und die Kerne entfernen. 500 g Trauben in 30 g Butter andünsten, mit Puderzucker bestäuben und mit Cognac begießen. Flambieren und mit der Hühnerbrühe ablöschen. Mit Salz und Pfeffer würzen und mit dem Mixstab pürieren. Durch ein Haarsieb streichen.
6. Die Fasane wenden, mit dem Traubenpüree umgießen und 20 bis 25 Minuten braten.
7. Die zurückbehaltenen Trauben in der restlichen Butter kurz schwenken.
8. Die Fasane herausnehmen, den Speckmantel entfernen und das Geflügel warm stellen. Die Crème fraîche unter die Sauce rühren und sämig einkochen lassen.
9. Die Fasane tranchieren (siehe Seite 26), mit der Sauce überziehen und mit den restlichen Trauben garnieren. Als Beilage Kartoffelpüree servieren.

Pro Person:
Kalorien (kcal) 1015
Eiweiß (g) 86
Fett (g) 52
Kohlenhydrate (g) 37

Will man die Fasanenbrust ein wenig aromatisieren, legt man unter die Speckscheiben entweder ein frisches Wein-, Lorbeer- oder Salbeiblatt.

ENTE MIT ORANGENSAUCE

Eine junge, nicht zu schwere Barberie-Ente eignet sich für dieses klassische Gericht »Canard à l'orange« der Haute Cuisine am besten. Die Orangenschale sollte man unbedingt vorher blanchieren, damit die Sauce keinen bitteren Beigeschmack bekommt!

Für 4 Personen
Zubereitungszeit:
1 Stunde 30 Minuten

- 1 Barberie-Ente (ca. 2 kg), mit Innereien
- Salz
- frisch gemahlener Pfeffer
- 1/2 l Wasser
- 1 Bund Suppengrün
- 2 EL Keimöl
- 3 unbehandelte Orangen
- 100 g Zucker
- 100 ml Essig
- 100 ml Portwein
- 1 EL flüssige Butter
- 2 cl Orangenlikör

1. Die Ente waschen, trockentupfen und innen und außen mit Salz und Pfeffer einreiben.
2. Aus dem Entenklein (Hals, Flügelspitzen, Magen und Herz), Wasser, Suppengrün und Salz eine Brühe kochen.
3. Den Backofen auf 180° C vorheizen.
4. Die Ente in heißem Öl von allen Seiten goldbraun anbraten und im Backofen in etwa 1 Stunde gar braten. Zwischendurch mit Bratenfond begießen.
5. 1 Orange hauchdünn schälen und die Schale in sehr feine Streifen schneiden. In wenig kochendem Wasser kurz blanchieren. Die restlichen Orangen auspressen.
6. Sobald die Ente gar ist, aus dem Ofen nehmen und warm stellen. Den Bratenfond durch ein Sieb gießen und entfetten.
7. Zucker und Essig im Bräter karamelisieren lassen. Mit Portwein, 1/4 l Entenbrühe und dem Bratenfond ablöschen und etwas einkochen lassen.
8. Die Entenleber pürieren, die Butter untermischen und durch ein Sieb in die Sauce streichen. Die Sauce mit Orangenlikör verfeinern und keinesfalls mehr kochen lassen.
9. Die Ente tranchieren (siehe Seite 26/27) und mit der Sauce servieren.

Pro Person:
Kalorien (kcal) 1330
Eiweiß (g) 87
Fett (g) 85
Kohlenhydrate (g) 32

Ente braten
Öl im Bräter erhitzen und die gewürzte Ente von allen Seiten goldbraun anbraten. Dann mit der Brust nach oben auf der unteren Schiene des Backofens in 1 Stunde gar braten.

Orangen vorbereiten
Eine Orange mit einem scharfen Sparschäler sehr dünn abschälen. Die Schale in sehr schmale Streifen schneiden. Die beiden anderen Orangen auspressen.

Sauce zubereiten
Zucker und Essig im Bräter karamelisieren. Mit der Flüssigkeit aufgießen und einkochen. Leber roh pürieren, mit der Butter durch ein Sieb streichen und in die Sauce rühren.

1. Ente mit Feigen
Die Ente wie im Grundrezept beschrieben vorbereiten. Im Bräter anbraten und im Backofen gar braten. 4 frische Feigen enthäuten und im Mixer kurz pürieren. Die Ente aus dem Bräter nehmen, den Bratenfond entfetten und das Feigenpüree sowie 1/4 l Portwein und 1/4 l Entenbrühe darunterrühren. Etwas einkochen lassen und durch ein Sieb passieren. Die Sauce mit der Leber-Butter-Mischung binden (siehe Grundrezept). 4 Feigen halbieren, kurz in wenig Butter anbraten und mit der Sauce zu der tranchierten Ente reichen.

2. Ente mit Pfirsich
Die Ente wie im Grundrezept beschrieben vorbereiten. Im Bräter anbraten und im Backofen gar braten. 2 vollreife Pfirsiche häuten, halbieren und entsteinen. 1 Pfirsich in Spalten schneiden, den zweiten pürieren. Die Ente aus dem Bräter nehmen, den Bratenfond entfetten und das Pfirsichpüree sowie 2 cl Cognac und 1/4 l Entenbrühe darunterrühren. Einkochen lassen und durch ein Sieb streichen. 1 EL grüne Pfefferkörner hinzufügen und die Sauce mit der Leber-Butter-Mischung (siehe Grundrezept) binden. Die Pfirsichspalten in wenig Butter kurz anbraten und mit der Sauce zu der tranchierten Ente reichen.

3. Ente mit Ananas
Die Ente wie im Grundrezept beschrieben vorbereiten. Im Bräter anbraten und im Backofen gar braten. 1 kleine Ananas schälen und das harte Mittelstück entfernen. Eine Hälfte des Fruchtfleisches pürieren, die andere in kleine Stücke schneiden. Die Ente aus dem Bräter nehmen, den Bratenfond entfetten und das Ananaspüree, 2 EL Sojasauce, 1 EL Aceto Balsamico und 1/4 l Entenbrühe darunterrühren. Etwas einkochen lassen und durch ein Sieb passieren. Die Sauce mit der Leber-Butter-Mischung binden. Die Ananasstückchen in wenig Butter anbraten und mit der Sauce zu der tranchierten Ente reichen.

4. Ente mit Granatapfel
Die Ente wie im Grundrezept beschrieben vorbereiten. Im Bräter anbraten und im Backofen gar braten. 2 Granatäpfel halbieren und den Saft mit einer Zitruspresse auspressen. Die Ente aus dem Bräter nehmen, den Bratenfond entfetten und mit dem Granatapfelsaft und 1/8 l Entenbrühe aufgießen. Etwas einkochen lassen und die Sauce mit der Leber-Butter-Mischung (siehe Grundrezept) binden. 1 Granatapfel halbieren, die fleischigen Kerne herauslösen, in wenig Butter kurz anbraten und mit der Sauce zu der tranchierten Ente reichen.

1

2

3

4

KRÄUTERHÄHNCHEN IN SALZKRUSTE

Das Backen in der Salzkruste ist keineswegs eine moderne Garmethode. Schon vor Jahrhunderten kannte man diese Zubereitungsart. Der Vorteil bei dieser Art des Garens ist, daß der Eigengeschmack voll erhalten bleibt. Nehmen Sie deshalb für dieses Gericht unbedingt ein frisches Masthähnchen und natürlich gartenfrische Kräuter!

Für 4 Personen
Zubereitungszeit:
2 Stunden 20 Minuten

1 frisches Masthähnchen (mindestens 1,7 kg), ohne Innereien
frisch gemahlener Pfeffer
1 großer Bund frische gemischte Kräuter (z. B. Kerbel, Petersilie, Basilikum, Estragon, Oregano, Thymian)
2 Knoblauchzehen
2 kg feines Meersalz
2 Eiweiß

1. Das Hähnchen waschen, trockentupfen und innen und außen mit Pfeffer einreiben.
2. Die Kräuterblättchen von den Stielen zupfen, die Knoblauchzehen schälen und alles mit einem Wiegemesser sehr fein wiegen.
3. Die Haut von dem Hähnchen mit einem schmalen, spitzen Messer rundherum lösen und die Kräutermischung zwischen Fleisch und Haut schieben.
4. Den Backofen auf 180° C vorheizen.
5. Das Salz in eine Schüssel geben und das Eiweiß unterrühren. Soviel Wasser dazugießen, bis die Masse formbar ist. Es darf aber kein weicher Brei entstehen.
6. Etwa ein Drittel der Salzmasse auf dem Boden einer Bratreine 1 cm dick verteilen. Das Hähnchen darauflegen und mit der restlichen Masse sorgfältig bedecken. Es darf kein Geflügelteil sichtbar sein!
7. Die Reine auf die untere Schiene des vorgeheizten Backofens stellen und das Hähnchen knapp 2 Stunden garen.
8. Das Hähnchen mit der Salzkruste servieren und diese erst bei Tisch aufbrechen.

Pro Person:
Kalorien (kcal) 505
Eiweiß (g) 78
Fett (g) 16
Kohlenhydrate (g) 0

Der Salzteig muß unbedingt die richtige Konsistenz aufweisen. Wenn der Teig zu flüssig ist, wird das Hähnchen zu salzig.

MASTHÄHNCHEN MIT KNOBLAUCH

Erschrecken Sie nicht über so viel Knoblauch. Da die Zehen in der Schale mitgebraten werden und das bei sehr geringen Temperaturen, bekommen sie einen ausgesprochen feinen Geschmack. Bei Tisch drückt man einfach das weiche Fruchtfleisch aus der Schale und streicht es auf knuspriges Baguette. Jeder kann somit selbst bestimmen, wieviel Knoblauch er essen will.

Für 4 Personen
Zubereitungszeit: 2 Stunden

1 frisches Masthähnchen (1,7 kg), ohne Innereien
Salz
frisch gemahlener Pfeffer
4 EL Olivenöl
40 große Knoblauchzehen
1 Bund Petersilie
1 frischer Thymianzweig
1 frischer Rosmarinzweig
4 große Kartoffeln
1/8 l trockener Weißwein

1. Das Hähnchen waschen und trockentupfen. Innen und außen mit Salz und Pfeffer einreiben.
2. Den Backofen auf 160° C vorheizen.
3. Das Öl in einem Bräter erhitzen und das Hähnchen darin von allen Seiten bei mittlerer Hitze goldbraun anbraten.
4. Die ungeschälten Knoblauchzehen und die Kräuter hinzufügen. Den Bräter verschließen und auf die untere Schiene des Backofens stellen. 45 Minuten braten, zwischendurch wenden und mit Bratfett begießen.
5. Die Kartoffeln waschen, schälen, vierteln und um das Hähnchen verteilen. Mit dem Wein begießen und weitere 45 Minuten zugedeckt braten. Die letzten 15 Minuten den Deckel abnehmen.
6. Das Hähnchen herausnehmen und tranchieren (siehe Seite 26). Mit den Kartoffeln und dem Knoblauch auf einer Platte anrichten und mit dem Bratensaft begießen.

Pro Person:
Kalorien (kcal) 716
Eiweiß (g) 82
Fett (g) 24
Kohlenhydrate (g) 28

Auf die gleiche Weise können Sie auch Perlhuhn zubereiten. Die Garzeit verkürzt sich dann allerdings, da Perlhühner in der Regel kaum mehr als 1 kg wiegen.

HÄHNCHEN MIT BRÄTFÜLLUNG

Füllungen jeglicher Art halten das Geflügel in Form, lassen mageres Fleisch nicht so rasch austrocknen und verleihen ihm ein würziges Aroma. Und zusätzlich erhält man eine köstliche Beilage. Was will man mehr!

Für 4 Personen
Zubereitungszeit: 2 Stunden

1 Hähnchen (1,5 kg)
Salz
frisch gemahlener Pfeffer
Für die Füllung:
50 g Weißbrot
4 bis 6 EL heiße Milch
1 Zwiebel, 1 Möhre
1/2 Bund Petersilie
20 g Butter
50 g Tiefkühl-Erbsen
300 g Kalbsbrät
2 Eigelb
frisch geriebene Muskatnuß
Schale von 1 unbehandelten Zitrone
Zum Braten:
1 Bund Suppengrün
1 kleine Zwiebel
1 Knoblauchzehe
30 g Butter, 3 EL Keimöl
1/8 l trockener Weißwein
1/8 l Hühnerbrühe
1/8 l Sahne

1. Das Hähnchen waschen, trockentupfen und innen und außen mit Salz und Pfeffer einreiben.
2. Das Weißbrot kleinschneiden und mit der Milch begießen. Zwiebel schälen, Möhre putzen und beides in kleine Würfel schneiden. Die Petersilie fein hacken.
3. Die Butter erhitzen und Zwiebel und Möhren bei mittlerer Hitze darin anbraten. Erbsen und Petersilie hinzufügen und kurz mitdünsten, dann etwas abkühlen lassen.
4. Das Kalbsbrät mit Eigelb, dem ausgedrückten Weißbrot und dem angedünsteten Gemüse verrühren. Mit Salz, Pfeffer, Muskat und Zitronenschale abschmecken. Den Backofen auf 200° C vorheizen.
5. Die Farce in das Hähnchen füllen und die Öffnung mit Küchengarn zunähen.
6. Das Suppengrün waschen, Zwiebel und Knoblauch schälen und alles in kleine Stücke schneiden.
7. Butter und Öl in einem Bräter auf der Kochplatte erhitzen und das Hähnchen von allen Seiten goldbraun anbraten. Das Gemüse dazugeben, kurz anbraten und mit dem Wein aufgießen.
8. Den Bräter zugedeckt in den Backofen stellen und das Hähnchen 45 Minuten auf der unteren Schiene braten lassen. Zwischendurch mit der Hühnerbrühe begießen.
9. Den Deckel abnehmen und den Bräter auf die mittlere Schiene stellen. Das Geflügel unter gelegentlichem Begießen mit Bratensaft in weiteren 20 Minuten knusprig braten.
10. Das Hähnchen warm stellen und den Bratenfond durch ein Sieb passieren. Mit der Sahne vermischen und sämig einkochen.
11. Das Hähnchen tranchieren (siehe Seite 26), die Füllung herauslösen und in Scheiben schneiden. Die Sauce getrennt dazu reichen.

Pro Person:
Kalorien (kcal) 1000
Eiweiß (g) 76
Fett (g) 64
Kohlenhydrate (g) 12

Füllung vorbereiten
Das Weißbrot in kleine Würfel schneiden und mit heißer Milch begießen. Geschälte Zwiebel und geputzte Möhre in sehr kleine Würfel schneiden, die Petersilie hacken. Das Gemüse in heißer Butter kurz andünsten.

Füllung fertigstellen
Das Brät mit dem Eigelb glattrühren. Das eingeweichte Weißbrot ausdrücken und mit dem angedünsteten Gemüse zum Brät geben und gründlich vermischen. Mit Salz, Pfeffer, Muskat und Zitronenschale herzhaft würzen.

Hähnchen füllen
Das innen und außen gewürzte Hähnchen mit der Brätmasse füllen. Auf keinen Fall zu viel Füllung hineingeben, da die Farce während des Garens noch aufgeht. Die Öffnung mit Küchengarn sorgfältig zunähen (siehe Seite 21).

Geflügel anbraten
Das Fett im Bräter bei mittlerer Temperatur erhitzen und das Hähnchen darin von allen Seiten anbraten. Das kleingeschnittene Gemüse dazugeben und mitbraten. Mit dem Wein aufgießen.

Hähnchen fertigbraten
Zugedeckt 45 Minuten auf die untere Schiene des auf 200° C vorgeheizten Backofens stellen. Zwischendurch mit der Hühnerbrühe begießen. Den Deckel abnehmen und auf der mittleren Schiene in 30 Minuten knusprig braun braten.

FÜLLUNGEN FÜR GEFLÜGEL

Bei der Auswahl der Füllung kann man seinem Geschmack freien Lauf lassen. Allerdings ist es bekömmlicher, ein fettreiches Geflügel mit einer kalorienärmeren Farce zu füllen. Eine besondere Spezialität ist der »Gefüllte Gänsehals«. Die abgezogene Haut wird mit einer Farce gefüllt, an beiden Enden zusammengebunden und dann etwa 30 bis 40 Minuten bei 200° C im Backofen gegart. Die Zutaten der folgenden Variationen entsprechen der Geflügelmenge für 4 Personen.

1. Leberfüllung
50 g Weißbrot in 6 EL Milch einweichen. 30 g Räucherspeckwürfel in 1 EL Keimöl glasig dünsten, 2 EL Zwiebelwürfel dazugeben und anschwitzen. Ausgedrücktes Weißbrot mit 200 g pürierter Geflügelleber, angedünsteter Zwiebel-Speck-Mischung und 2 Eigelb vermischen. Mit Salz, Pfeffer, 1/2 TL gerebeltem Thymian und 1 EL Cognac abschmecken. Falls die Füllung zu weich ist, noch etwas Paniermehl hinzufügen.
Besonders geeignet für:
Tauben, Wachteln, Hähnchen, Perlhuhn und Gänsehals

2. Pilzfüllung
2 Brötchen in Würfel schneiden und in 1/8 l heißer Milch einweichen. 50 g Räucherspeckwürfel und 2 EL Zwiebelwürfel in 1 EL Keimöl glasig dünsten. 250 g geputzte und kleingeschnittene Pfifferlinge dazugeben und so lange mitbraten, bis die gesamte Flüssigkeit verdampft ist. Das ausgedrückte Weißbrot mit der Pilzmischung und 2 Eiern vermischen. Mit Salz, Pfeffer und Thymian würzen und 2 EL gehackte Petersilie daruntermischen.
Besonders geeignet für:
Fasan, Rebhuhn, Hähnchen, Perlhuhn, aber auch Wachteln und Tauben

3. Nuß-Oliven-Füllung
100 g Toastbrot in kleine Würfel schneiden und in 30 g heißer Butter anrösten, dann in 6 EL heißer Milch einweichen. 100 g Geflügelleber fein pürieren. 2 EL Zwiebelwürfel und 1 gehackte Knoblauchzehe in 1 EL Keimöl glasig dünsten und mit Weißbrot und Leber vermischen. 1 Eigelb, 2 EL grob gehackte Walnüsse und 30 g entkernte und gehackte schwarze Oliven dazugeben. Mit Salz, Pfeffer, Thymian und etwas Cayennepfeffer würzen.
Besonders geeignet für:
Fasan, Rebhuhn, Hähnchen und Perlhuhn

4. Kalbfleischfüllung mit Pistazien
2 Scheiben Weißbrot in Würfel schneiden und in 4 EL heißer Milch einweichen. 200 g Kalbfleisch in der Küchenmaschine fein pürieren. 2 feingehackte Geflügelleberhälften, das ausgedrückte Weißbrot, 2 Eigelb und 50 g grobgehackte Pistazien dazugeben. Gründlich vermischen und mit Salz, weißem Pfeffer, etwas frisch geriebener Ingwerwurzel, der abgeriebenen Schale von 1 Orange und 1 EL Orangenlikör würzen.
Besonders geeignet für:
Hähnchen, Perlhuhn, Fasan, Rebhuhn, Wildente und Gänsehals

1

3

2

4

7

8

5. Weißbrot-Kräuter-Füllung
100 g Toastbrot in kleine Würfel schneiden und in 40 g Butter anrösten. 3 EL Zwiebelwürfel und 1 bis 2 gehackte Knoblauchzehen in 1 EL Keimöl andünsten. 2 EL Crème fraîche und 2 Eier unter die Weißbrotwürfel mischen. Etwa 15 Minuten ziehen lassen. Inzwischen 1 Bund Frühlingskräuter (z. B. Basilikum, Estragon, Kerbel, Petersilie, Schnittlauch und Dill) fein hacken und zu der Brotmischung geben. Gründlich verrühren und mit Salz, Pfeffer und der abgeriebenen Schale von 1/2 Zitrone würzen.
Besonders geeignet für:
Hähnchen, Stubenküken, Perlhuhn, Wachteln und Tauben

6. Spinat-Käse-Füllung
500 g frische, geputzte Spinatblätter in wenig kochendem Wasser zusammenfallen lassen. Abgekühlt gut auspressen und hacken. 2 EL Zwiebelwürfel und 2 gehackte Knoblauchzehen in 1 EL Keimöl glasig dünsten. 50 g gekochten Schinken, in Würfel geschnitten, dazugeben und kurz andünsten. Von der Kochstelle nehmen und mit dem Spinat vermischen. 1 Eigelb, 50 g geriebenen Parmesan und 2 bis 3 EL Paniermehl daruntermischen und zu einer weichen Farce verrühren. Mit Salz, Pfeffer und frisch geriebener Muskatnuß würzen.
Besonders geeignet für:
Poularde, Perlhuhn und Puter (hier die doppelte Menge verwenden)

7. Kastanienfüllung
200 g Weißbrot in kleine Würfel schneiden und in 2 EL Gänse- oder Entenschmalz goldbraun braten. Mit 1/8 l heißer Milch übergießen.
1 Apfel und 1 Zwiebel schälen, 1 Enten- oder Gänseleber von Fett und Sehnen befreien. Alles in kleine Würfel schneiden und in 2 EL Schmalz anbraten. Anschließend unter das Weißbrot mischen. 250 g geschälte, gekochte Eßkastanien in Würfel schneiden und dazugeben. Mit feingehacktem Salbei, gerebeltem Majoran, Salz und Pfeffer abschmecken.
Besonders geeignet für:
Gänse und Enten

8. Backobstfüllung
250 g Trockenobst in 1/4 l trockenem Weißwein einige Stunden einweichen. 200 g Weißbrot in kleine Würfel schneiden und in 2 EL Gänse- oder Entenschmalz goidbraun rösten. Mit 1/8 l heißer Milch begießen. Das Backobst gut abtropfen lassen und in kleine Würfel schneiden. Mit dem Weißbrot und etwa 30 g gehackten Mandeln vermischen. Mit Salz, Pfeffer, etwas Ingwer und Cayennepfeffer würzen.
Besonders geeignet für:
Enten und Gänse

- Das Geflügel nach dem Braten halbieren, die Füllung vorsichtig herauslösen und in Scheiben schneiden. Jede Geflügelportion mit 2 Scheiben Füllung servieren und die Sauce getrennt dazu reichen.
- Aus übriggebliebener Füllmasse kann man kleine Plätzchen formen und braten.

GEFÜLLTE PUTE AUF AMERIKANISCHE ART

Vergleichbar mit unserem »Erntedankfest« feiert man in den USA am 26. November den »Thanksgiving Day«. Traditionell gibt es an diesem Tag einen gebratenen, gefüllten Truthahn mit gratinierten Süßkartoffeln.

Für 4 Personen
Zubereitungszeit: 5 Stunden

1 Pute (ca. 4,5 kg), mit Innereien
Salz, frisch gemahlener Pfeffer

Für die Füllung:

9 Scheiben Toastbrot
200 ml heiße Milch
1 große Möhre
1/4 Sellerieknolle
1 Zwiebel
50 g Butter
3 bis 4 Eier
2 EL gehackte Petersilie
etwas Paniermehl

Zum Braten:

40 g Butter
1 Bund Suppengrün
1/2 l trockener Weißwein
1/2 l Hühnerbrühe

Für die Beilage:

1,5 kg Süßkartoffeln (Bataten)
Salz
50 g Butter
3 EL brauner Zucker
1 Paket Marsh-mallows

1. Die Pute waschen, trockentupfen, innen und außen mit Salz und Pfeffer einreiben. Den Ofen auf 220° C vorheizen.
2. Toastbrot in kleine Würfel schneiden und mit der Milch begießen.
3. Möhre, Sellerie, Zwiebel, Putenleber und -herz in kleine Würfel schneiden. Die Butter erhitzen, erst das Gemüse, dann die Innereien darin anbraten. Etwas abkühlen lassen.
4. Toastbrot ausdrücken und mit dem Gemüse, 3 Eiern und der Petersilie vermischen. Falls der Teig zu fest ist, noch ein Ei, falls er zu weich ist, etwas Paniermehl hinzufügen.
5. Pute füllen und die Öffnung mit Küchengarn zunähen.
6. Mit der Brust nach oben in den Bräter legen und dick mit Butter bestreichen. Das Suppengrün klein schneiden und um die Pute verteilen. Auf die untere Schiene des Ofens stellen und 30 Minuten braten lassen. Mit der Hälfte des Weines begießen, wenden und weitere 30 Minuten braten.
7. Ofen auf 160° C schalten und die Pute mit der Brustseite nach oben noch 2 1/2 bis 3 Stunden garen. Dabei immer wieder mit Brühe, Wein und Bratensaft begießen.
8. Bataten schälen und in 1 cm große Würfel schneiden. In reichlich Salzwasser in ca. 10 Minuten garen. In eine gut gefettete, mit braunem Zucker ausgestreute Auflaufform geben. Mit Marshmallows und Butterflöckchen belegen.
9. Die Pute aus dem Backofen nehmen und die Bataten auf der oberen Schiene bei 220° C etwa 10 Minuten gratinieren.
10. Die Sauce durch ein Sieb passieren und etwas einkochen lassen. Die Pute tranchieren (siehe Seite 26) und mit der Sauce und den gratinierten Süßkartoffeln servieren!

Pro Person (ohne Beilage):
Kalorien (kcal) 987
Eiweiß (g) 112
Fett (g) 37
Kohlenhydrate (g) 27

ENTE AUF VIERLÄNDER ART

Für 4 Personen
Zubereitungszeit: 2 Stunden

1 Ente (2,5 kg), mit Innereien
Salz
frisch gemahlener Pfeffer
Für die Füllung:
50 g Rosinen
4 cl Rum
2 große aromatische Äpfel
200 g Toastbrot
3 EL Entenschmalz
2 EL Zwiebelwürfel
3 bis 4 EL Weißwein (Gewürztraminer)
2 feingeschnittene Salbeiblätter
je 1 Msp Zimt- und Nelkenpulver
frisch geriebene Muskatnuß
abgeriebene Schale von 1/2 unbehandelten Orange
Zum Braten:
20 g Butter
1 EL Keimöl
1/8 l trockener Weißwein
1/4 l Hühnerbrühe

1. Die Ente waschen, trockentupfen und innen und außen mit Salz und Pfeffer einreiben.
2. Den Backofen auf 180° C vorheizen.
3. Rosinen in Rum einweichen und quellen lassen. Die Äpfel schälen, halbieren, entkernen und wie die Brotscheiben in kleine Würfel schneiden.
4. Schmalz erhitzen und Zwiebelwürfel darin glasig dünsten. Apfel- und Brotwürfel dazugeben und mitbraten. Vom Herd nehmen und die Rosinen mit dem Rum daruntermischen. Soviel Wein dazugießen, bis eine geschmeidige Masse entstanden ist. Mit Salbei, Gewürzen, Orangenschale, Salz und Pfeffer abschmecken.
5. Die Farce in die Ente füllen, 2 EL Füllung zurückbehalten. Die Öffnung mit Küchengarn zunähen.
6. Butter und Öl in einem Bräter erhitzen und die Ente darin von allen Seiten anbraten. Zugedeckt auf der untersten Schiene des Ofens 40 Minuten braten. Zwischendurch mit dem Wein begießen.
7. Den Deckel abnehmen und die Ente in weiteren 50 Minuten goldbraun braten. Die Ente zwischendurch immer wieder mit der Brühe und dem Bratensaft begießen.
8. Die Ente aus dem Bräter nehmen und warm stellen. Den Bratensaft entfetten, die restliche Füllung darunterrühren und etwas einkochen lassen. Die rohe Entenleber pürieren und durch ein Sieb in die Sauce streichen. Kurz erhitzen, aber nicht mehr kochen lassen.
9. Die Ente tranchieren (siehe Seite 26), die Füllung mit einem Löffel herauslösen und um die Ente anordnen. Die Sauce getrennt dazu reichen.

Pro Person:
Kalorien (kcal) 1600
Eiweiß (g) 95
Fett (g) 103
Kohlenhydrate (g) 45

PUTENKEULE MIT APRIKOSENSAUCE

Das dunkle Fleisch der Putenkeulen hat einen kräftigen Geschmack, und raffiniert zubereitet – sei es auf asiatische, italienische oder bayerische Art – wird daraus ein Festschmaus, mit dem man auch Gäste begeistern kann.

Für 4 Personen
Zubereitungszeit:
1 Stunde 45 Minuten
Marinierzeit: 2 bis 3 Stunden

1,2 kg Putenoberkeule (mit Knochen)
2 EL Aprikosenkonfitüre
1 EL scharfer Dijon-Senf
1 EL Sojasauce
1 TL frisch geriebener Ingwer
Salz
frisch gemahlener Pfeffer
Cayennepfeffer
2 EL Keimöl
1/4 l trockener Weißwein
1/8 l Hühnerbrühe
2 EL Crème fraîche

1. Die Putenoberkeule waschen und trockentupfen.
2. Aprikosenkonfitüre, Senf, Sojasauce und Ingwer verrühren. Mit Salz, Pfeffer und Cayennepfeffer abschmecken und das Putenfleisch damit bestreichen. In eine Schüssel legen und zugedeckt 2 bis 3 Stunden marinieren.
3. Den Backofen auf 160° C vorheizen. Das Putenfleisch aus der Schüssel nehmen und die Marinade abstreifen.
4. Das Öl in einem Bräter erhitzen und das Fleisch darin bei mittlerer Temperatur von allen Seiten anbraten. Mit dem Wein aufgießen und auf der mittleren Schiene des Backofens 75 Minuten braten. Dabei immer wieder mit der Marinade und dem Bratensaft begießen.
5. Die Keule herausnehmen und warm stellen. Den Bratenfond mit der Hühnerbrühe aufgießen und einige Minuten köcheln lassen. Die Crème fraîche unterrühren und einkochen lassen.
6. Das Fleisch in Scheiben vom Knochen schneiden und die Sauce getrennt dazu reichen.

Pro Person:
Kalorien (kcal) 470
Eiweiß (g) 53
Fett (g) 19
Kohlenhydrate (g) 7

• Man kann das Fleisch auch mit der angerührten Marinade in einen Gefrierbeutel geben, gut verschließen und darin unter gelegentlichem Wenden marinieren.
• Sollen die Keulen besonders knusprig sein, muß man 10 Minuten vor Ende der Garzeit die Temperatur auf 220° C erhöhen.

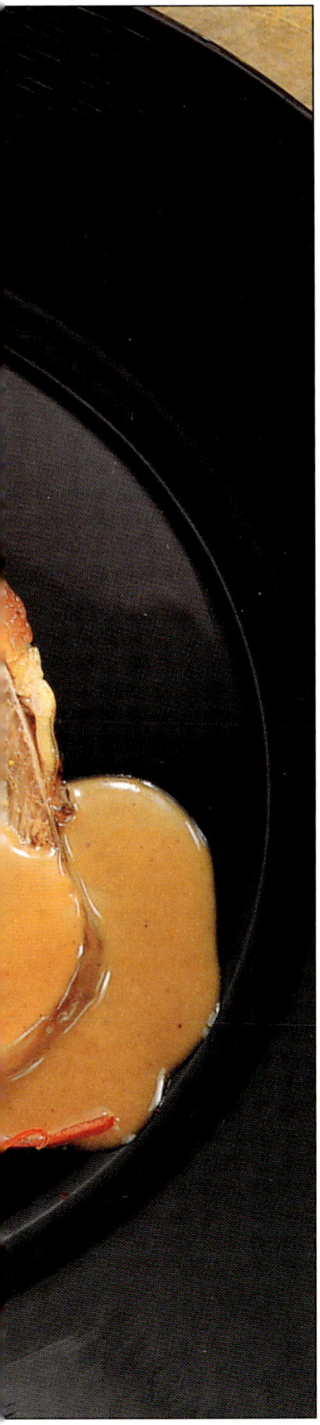

1

2

3

1. Putenkeule mit Ananas

1,2 kg Putenoberkeule mit einer Marinade aus 2 EL Sojasauce, 1 TL flüssigem Honig, 1 Msp Sambal Oelek, 1/2 TL frisch geriebenem Ingwer, 4 cl Fino-Sherry, 1 EL Curry, Salz und Pfeffer bestreichen und 2 bis 3 Stunden marinieren. Das Fleisch in 2 EL Keimöl von allen Seiten anbraten, mit der Marinade und 1/8 l Hühnerbrühe aufgießen und im Backofen bei 160° C 1 Stunde 15 Minuten braten. Das Fleisch herausnehmen und warm stellen. 3 Scheiben Ananas in kleine Stücke schneiden. Mit 1/8 l Hühnerbrühe unter die Sauce mischen. 3 EL dunklen Fix-Soßenbinder einstreuen und einige Minuten etwas einkochen lassen.

2. Putenkeule mit Biersauce

2 Putenunterkeulen (je ca. 500 g) mit Salz und Pfeffer einreiben. In 2 EL erhitztem Butterschmalz von allen Seiten anbraten. 2 in Würfel geschnittene Zwiebeln, 1 gehackte Knoblauchzehe, 1 TL Kümmel und 1 EL mittelscharfen Senf dazugeben und mit 1/4 l dunklem Bier aufgießen. Im vorgeheizten Backofen bei 160° C in 90 Minuten gar braten. 800 g Kartoffeln schälen und in Scheiben schneiden. Nach 45 Minuten mit dem Bratensaft vermischen, dann um die Keulen anordnen und mit 1/8 l Brühe begießen. 10 Minuten vor Ende der Garzeit die Temperatur auf 220° C schalten. Die Keulen knusprig braun braten und am besten in der Form servieren.

3. Putenkeule in Tomatensauce

1,2 kg Putenoberkeule mit Salz und Pfeffer einreiben. 2 bis 3 Knoblauchzehen schälen und in feine Stifte schneiden. Die Keule rundherum damit spicken. 3 EL Olivenöl in einem Bräter erhitzen und die Keule darin von allen Seiten anbraten. 2 in Würfel geschnittene Zwiebeln, je 1 Rosmarin- und Thymianzweig und 600 g gehäutete, in Stücke geschnittene Tomaten dazugeben. Mit 1/8 l Hühnerbrühe aufgießen und im Backofen bei 160° C in 75 Minuten gar braten. Das Fleisch herausnehmen, die Sauce durch ein Sieb passieren und 1 EL feingeschnittene Basilikumblätter daruntermischen.

- Das Fleisch der Putenunterkeule ist besonders dunkel. Es erinnert geschmacklich ein wenig an Wild und ist wie bei allen Keulen mit Sehnen durchzogen.
- Wer nicht so gerne Knochen abnagt, ist mit der Putenoberkeule besser beraten.

PUTENROLLBRATEN MIT BUNTER PAPRIKAFÜLLUNG

Daß man das magere Putenbrustfleisch nicht nur kurzgebraten als Schnitzel, sondern auch als abwechslungsreichen herzhaften Braten servieren kann, zeigt dieses Rezept. Wie unterschiedlich man den Rollbraten füllen kann, sehen Sie auf der nächsten Seite.

Für 4 bis 6 Personen
Zubereitungszeit: 1 1/2 Stunden

1 kg Putenbrustfleisch am Stück

Für die Füllung:

je 1 kleine rote, gelbe und grüne Paprikaschote
1 Zwiebel
100 g Pfifferlinge
2 EL Keimöl
Salz, frisch gemahlener Pfeffer
1 EL Paniermehl
2 EL Sahne
2 Eigelb
1 EL frische gehackte Kräuter
200 g rohes Bratwurstbrät
1 TL Paprikapulver, edelsüß

Zum Braten:

20 g Butter
3 EL Keimöl
1 Zwiebel
2 Tomaten
1/4 l trockener Weißwein
1/8 l Hühnerbrühe
1/2 Bund Petersilie

1. Das Putenfleisch so einschneiden, daß eine große Fleischscheibe entsteht, und vorsichtig flachklopfen.
2. Paprikaschoten waschen, halbieren und Stengelansätze und Samenstränge entfernen. Die Zwiebeln schälen und mit den Paprikas in kleine Würfel schneiden. Die Pfifferlinge putzen und fein hacken. Das Öl erhitzen und das Gemüse darin andünsten. Mit Salz und Pfeffer würzen und abkühlen lassen.
3. Das Paniermehl mit der Sahne verrühren, dann mit Eigelb, den Kräutern und der Hälfte der Gemüsemischung unter das Brät mischen. Mit Paprikapulver, Salz und Pfeffer würzen.
4. Den Backofen auf 160° C vorheizen.
5. Die Füllung gleichmäßig auf dem Fleisch verstreichen, dabei rundherum einen schmalen Rand lassen. Von der Schmalseite her aufrollen, mit Küchengarn verschnüren.
6. Butter und Öl in einem Bräter erhitzen und den Rollbraten darin von allen Seiten anbraten. Die Zwiebel schälen, mit den Tomaten in Stücke schneiden und anbraten. Mit dem Weißwein ablöschen und auf der mittleren Schiene des Backofens in 1 Stunde gar braten, dabei immer wieder mit Bratensaft begießen.
7. Das Fleisch herausnehmen und warm stellen. Den Bratenfond mit 1/4 l Brühe aufgießen und mit einem Mixstab pürieren. Die Sauce durch ein Sieb streichen und die restliche Gemüsemischung dazugeben. Einige Minuten kochen lassen, die gehackte Petersilie untermischen und getrennt zu dem in Scheiben geschnittenen Rollbraten reichen.

Pro Person:
Kalorien (kcal) 612
Eiweiß (g) 50
Fett (g) 35
Kohlenhydrate (g) 8

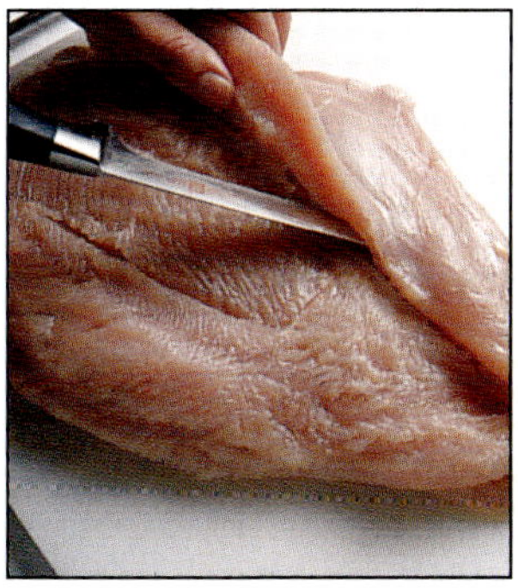

Fleisch vorbereiten
Die Putenbrust der Länge nach im oberen Drittel einschneiden und dieses Stück beiseite klappen. Dann von der Mitte aus nach außen schneiden, aber nicht durchschneiden. Auseinanderklappen und mit der platten Seite des Fleischklopfers flachklopfen.

Füllung herstellen
Paprika und Zwiebel in kleine Würfel schneiden. Pfifferlinge putzen und hacken. In dem heißen Öl andünsten. Paniermehl und Sahne verrühren und mit Brät, Eigelb, Kräutern und der Hälfte der Gemüsemischung vermengen und würzen.

Fleisch füllen
Die Fleischscheibe gleichmäßig dick mit der Gemüsefarce bestreichen, dabei rundherum einen etwa 1 1/2 cm breiten Rand lassen. Eventuell die Mischung noch mit etwas geriebenem Käse bestreuen.

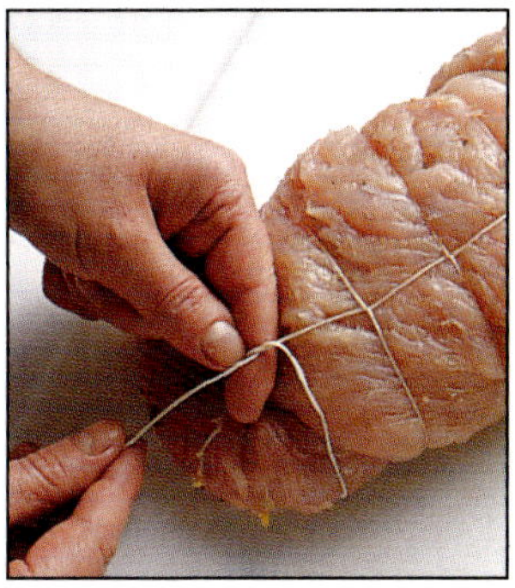

Aufrollen und binden
Von der Schmalseite her aufrollen. Ein langes Küchengarn um ein Bratenende legen und oben so verknoten, daß ein langes und ein kurzes Ende bleibt. Den langen Faden in Abständen von 3 cm um das Fleisch winden und verknoten.

Braten fertigstellen
Rollbraten im Fett anbraten. Zwiebel und Tomaten dazugeben, mit der Flüssigkeit aufgießen und bei 160° C im Backofen auf mittlerer Schiene fertigbraten. Dabei immer wieder mit dem Bratensaft begießen. Den Bratenfond pürieren und durch ein Sieb streichen.

PILZFÜLLUNG

Für 1 kg Putenrollbraten
Zubereitungszeit: 20 Minuten

- 2 Schalotten
- 250 g Zuchtpilze (z. B. Egerlinge, Champignons, Austernpilze, Shiitake-Pilze)
- 30 g Butter, 2 cl Portwein
- 2 EL gehackte Petersilie
- 2 Eigelb
- 2 bis 3 EL Paniermehl
- Salz, frisch gemahlener Pfeffer

1. Schalotten schälen, Pilze putzen und beides in kleine Würfel schneiden.

2. Die Schalotten in der Butter glasig dünsten. Die Pilze dazugeben und so lange dünsten, bis die Flüssigkeit verdampft ist. Mit dem Portwein aufgießen, wieder einkochen lassen und von der Kochstelle nehmen.

3. Petersilie, Eigelb und so viel Paniermehl dazugeben, bis eine streichfähige Masse entstanden ist. Mit Salz und Pfeffer herzhaft würzen.

Pro Person:
Kalorien (kcal) 98
Eiweiß (g) 3
Fett (g) 8
Kohlenhydrate (g) 3

WIRSING-KÄSE-FÜLLUNG

Für 1 kg Putenrollbraten
Zubereitungszeit: 20 Minuten

- 1/4 Wirsing (ca. 300 g)
- 30 g Butter
- 1 TL Curry
- Salz
- frisch gemahlener Pfeffer
- 2 Eier
- 100 g geriebener Hartkäse (Emmentaler oder Gouda)
- 30 g geröstete Sonnenblumenkerne
- 1 bis 2 EL Paniermehl

1. Den Wirsing putzen und in feine Streifen schneiden. In der erhitzten Butter einige Minuten unter Rühren bißfest braten. Mit Curry, Salz und Pfeffer würzen.

2. Abkühlen lassen, dann die Eier, den geriebenen Käse und die Sonnenblumenkerne untermischen. So viel Paniermehl hinzufügen, bis eine streichfähige Masse entsteht. Bei Bedarf noch einmal nachwürzen.

Pro Person:
Kalorien (kcal) 215
Eiweiß (g) 12
Fett (g) 15
Kohlenhydrate (g) 5

EXOTISCHE MANGOFÜLLUNG

Für 1 kg Putenrollbraten
Zubereitungszeit: 20 Minuten

1 kleine, vollreife Mango
1 EL Schalottenwürfel
30 g gehackte Cashewnüsse
1/2 gehackte Pfefferschote
2 EL Keimöl
2 bis 3 EL gekochter Reis
1/2 TL Curry
1/2 TL frisch geriebener Ingwer
1TL grüne Pfefferkörner, Salz

1. Die Mango schälen, das Fruchtfleisch in kleine Würfel schneiden.
2. Schalottenwürfel, Nüsse und Pfefferschote im Öl anbraten.
3. Mangofruchtfleisch dazugeben und unter Rühren anbraten.
4. So viel Reis untermischen, bis die Masse streichfähig ist. Mit Curry, Ingwer, gehackten Pfefferkörnern und Salz würzig abschmecken.

Pro Person:
Kalorien (kcal) 103
Eiweiß (g) 1
Fett (g) 8
Kohlenhydrate (g) 6

LEBER-NUSS-FÜLLUNG

Für 1 kg Putenrollbraten
Zubereitungszeit: 20 Minuten

250 g Hähnchenlebern
2 EL Keimöl
1 EL gehackte Zwiebelwürfel
2 cl Cognac
50 g geröstete Haselnüsse
2 Eigelb
2 bis 3 EL Paniermehl
Salz
frisch gemahlener Pfeffer

1. Die Lebern von Fett und Sehnen befreien, in kleine Stücke schneiden und im erhitzten Öl von allen Seiten anbraten. Die Zwiebel hinzufügen und kurz mitbraten.
2. Mit Cognac ablöschen, aufkochen lassen und die Mischung im Mixer fein pürieren.
3. Haselnüsse grob hacken und mit dem Eigelb unter die Leberfarce mischen. So viel Paniermehl dazugeben, bis eine streichfähige Masse entstanden ist. Mit Salz und Pfeffer würzen.

Pro Person:
Kalorien (kcal) 220
Eiweiß (g) 14
Fett (g) 15
Kohlenhydrate (g) 4

GEFÜLLTE PUTENBRUST

Für 4 Personen
Zubereitungszeit:
1 Stunde 15 Minuten

1 Schweinenetz
800 g Putenbrust am Stück
150 g Rindermark
3 Schalotten
1 Knoblauchzehe
250 g Pfifferlinge
1/2 TL Thymianblätter
1 Bund glatte Petersilie
2 bis 3 EL Paniermehl
Salz
frisch gemahlener Pfeffer
1/8 l Hühnerbrühe
2 cl Cognac
2 EL Crème fraîche

1. Das Schweinenetz in lauwarmem Wasser einweichen.
2. Die Putenbrust in Abständen von 1 cm mit einem scharfen Messer quer zur Faser so einschneiden, daß das Fleischstück unten noch zusammenhält.
3. Das Rindermark in Stücke schneiden und bei mittlerer Hitze auslassen. Durch ein Sieb in eine Pfanne gießen.
4. Schalotten und Knoblauch schälen und in kleine Würfel schneiden. Pfifferlinge putzen und fein hacken. Mit dem Thymian und den Schalotten- und Knoblauchwürfeln im erhitzten Mark andünsten. Dann etwas abkühlen lassen.
5. Die feingehackte Petersilie und so viel Paniermehl hinzugeben, bis eine streichbare Masse entstanden ist. Mit Salz und Pfeffer herzhaft würzen.
6. Den Backofen auf 180° C vorheizen.
7. Das Schweinenetz aus dem Wasser nehmen, abtropfen lassen, trockentupfen und sorgfältig ausbreiten.
8. Jeweils ein wenig Markfarce in die Einschnitte des Fleisches streichen und die Öffnungen gut zusammendrücken. Die Putenbrust mit dem Schweinenetz umhüllen und in eine Bratreine legen. Auf der mittleren Schiene des Backofens in etwa 40 Minuten gar braten, dabei immer wieder mit der Hühnerbrühe begießen.
9. Den Braten herausnehmen und warm stellen. Den Bratenfond entfetten. Den Cognac dazugießen und kurz aufkochen. Crème fraîche darunterrühren und die Sauce etwas einkochen lassen.
10. Das Schweinenetz entfernen und den Braten mit Herzoginkartoffeln und feinem Gemüse servieren.

Pro Person:
Kalorien (kcal) 520
Eiweiß (g) 44
Fett (g) 32
Kohlenhydrate (g) 6

- Wer kein Schweinenetz bekommt oder das Gericht fettärmer zubereiten will, gart den Braten in einer Bratfolie.
- Man kann die Einschnitte auch mit je 1 Scheibe rohem Schinken und 1 Scheibe Käse oder Salbeiblättern füllen.
- Obwohl das Schweinenetz während des Bratens das Geflügel vor der Hitze schützt und somit für die nötige Saftigkeit sorgt, darf der Braten keinesfalls zu lange im Ofen bleiben!

PUTENRÖLLCHEN MIT SCHAFSKÄSE

Ein Putenschnitzel, bestrichen mit Senf, gefüllt mit Speck und Gurkenwürfeln – wie man es von der Rinderroulade kennt – erhält durch die würzige Füllung einen wunderbaren, aromatischen Geschmack.

Für 4 Personen
Zubereitungszeit: 40 Minuten

- 4 dünn geschnittene Putenschnitzel (je 120 g)
- 1/2 TL Kräuter der Provence
- 4 Scheiben geräucherter Schinken
- 125 g Schafskäse (Feta)
- 1 EL Mehl
- Salz
- frisch gemahlener Pfeffer
- 2 EL Keimöl
- 4 Schalotten
- 50 g Butter
- 100 ml Madeira
- 1/4 l Hühnerbrühe

1. Die Putenschnitzel mit der glatten Seite eines Fleischklopfers flachklopfen und mit den Kräutern der Provence bestreuen.
2. Jede Fleischscheibe mit 1 Schinkenscheibe belegen und den zerkrümelten Schafskäse gleichmäßig darauf verteilen. Die Fleischscheiben von der Schmalseite her aufrollen und mit einem Zahnstocher zustecken.
3. Mehl mit Salz und Pfeffer vermischen und die Röllchen darin wenden.
4. Das Öl in einer Pfanne erhitzen und die Rouladen von allen Seiten bei mittlerer Hitze anbraten. Dann die Hitze reduzieren und in etwa 10 bis 15 Minuten gar braten.
5. Inzwischen die Schalotten schälen und in kleine Würfel schneiden.
6. Die Fleischröllchen aus der Pfanne nehmen und warm stellen. Das Bratfett abgießen, Butter in der Pfanne erhitzen und die Schalotten darin glasig dünsten. Mit Madeira und Hühnerbrühe ablöschen und bei starker Hitze sämig einkochen.
7. Die Röllchen mit der Sauce bedecken und sofort mit Weißbrot oder Kartoffelpüree servieren.

Pro Person:
Kalorien (kcal) 490
Eiweiß (g) 36
Fett (g) 29
Kohlenhydrate (g) 12

Wer eine etwas sämigere Sauce möchte, bestreut die Schalotten mit 1 TL Mehl. Einige Minuten aufschäumen lassen und dann unter Rühren mit Madeira und Brühe aufgießen.

Geflügel vom Grill

Vom klassischen Grillhähnchen bis zum indonesischen Geflügelspieß: Knusprige Haut und saftiges Fleisch ist eine Kombination, die viele Herzen höher schlagen läßt.

GRILLHÄHNCHEN

Das Grillhähnchen war lange Zeit der Inbegriff köstlicher Geflügelgerichte. Beeinflußt durch die Küchen aus aller Welt ist dieses Rezept ein wenig in Vergessenheit geraten. Zu Unrecht, denn richtig zubereitet ist es immer noch ein Genuß!

Für 4 Personen
Zubereitungszeit: 1 Stunde
Marinierzeit: 30 Minuten

1 Hähnchen (1,2 kg), ohne Innereien
Salz
frisch gemahlener Pfeffer
1 Bund Petersilie
1 frischer Thymianzweig
2 Schalotten
Für die Marinade:
4 EL Keimöl
1 TL Paprikapulver, edelsüß
1 EL Tomatenmark
etwas feingerebelter Thymian
4 bis 5 EL dunkles Bier

1. Das Hähnchen waschen, trockentupfen und innen und außen mit Salz und Pfeffer einreiben.
2. Ein Grillgerät oder einen Backofen mit Grillvorrichtung vorheizen.
3. Petersilie, Thymian und die geschälten Schalotten in die Bauchhöhle geben und die Öffnung mit einem Zahnstocher zustecken.
4. Das Hähnchen mit Küchengarn binden (siehe Seite 20), damit die Flügel und Beine nicht abstehen.
5. Öl, Paprika, Tomatenmark und Thymian verquirlen. Das Geflügel mit der Hälfte davon bestreichen und 30 Minuten marinieren.
6. Das Hähnchen auf den Spieß stecken, mit den beiden Halteklammern befestigen und in die Vorrichtung stecken.
7. Das Geflügel in etwa 55 bis 60 Minuten unter ständigem Drehen garen, dabei immer wieder mit der Marinade bestreichen.
8. 10 Minuten vor Ende der Garzeit das Geflügel mit Bier bepinseln und knusprig braten.

Pro Person:
Kalorien (kcal) 644
Eiweiß (g) 47
Fett (g) 45
Kohlenhydrate (g) 2

• Grillt man das ganze Hähnchen auf einem Holzkohlengrill, sollte die Glut seitwärts liegen, damit das Fett nicht hineintropfen kann.
• Die Grilltemperatur ist optimal, wenn die Kohlen mit weißer Asche bedeckt sind.

Hähnchen vorbereiten
Das Hähnchen waschen, trockentupfen und mit Kräutern und Schalotten füllen. Die Öffnung mit Zahnstochern zustecken und mit einem langen Küchengarn Flügel und Keulen festbinden (siehe Seite 20).

Marinade anrühren
Das Öl in eine kleine Schüssel geben und unter Rühren Paprika, Tomatenmark und Thymian dazugeben. Das Hähnchen auf einen Teller legen und rundherum gleichmäßig mit der Mischung bestreichen.

Mit Drehspieß grillen
Das Hähnchen mit Hilfe der zwei dazugehörenden Halteklammern am Spieß befestigen und in die Grillvorrichtung stecken. Während des Grillens immer wieder mit Marinade und vor Ende der Garzeit mit Bier bestreichen.

Andere Zubereitungsart:
Hähnchen mit einer Geflügelschere am Rückgrat entlang aufschneiden. Auseinanderklappen und mit der Hand oder einem Fleischklopfer so daraufschlagen, daß Brustbein, Schlüsselbein und Rippen brechen. Dann das Hähnchen flachdrücken.

Grillen auf dem Rost
Hähnchen salzen, pfeffern und mit der Marinade bepinseln. Mit der Hautseite nach unten auf den Rost legen und über einer Fettpfanne im heißen Ofen 15 Minuten grillen, wenden und in 25 Minuten fertiggaren. Auf mindestens 10 cm Abstand zur Hitzequelle achten!

WACHTELN VOM GRILL

Für 2 Personen
Zubereitungszeit: 35 Minuten

4 Wachteln
Salz
frisch gemahlener Pfeffer
4 Lorbeerblätter
1 Bund Petersilie
2 EL Keimöl
4 cl Madeira
1 TL Aceto Basamico

1. Die Wachteln waschen und trockentupfen. Innen und außen mit Salz und Pfeffer einreiben.
2. Je 1 Lorbeerblatt und einige Petersilienstengel in die Bauchhöhle geben.
3. Die Wachteln mit einem Küchengarn binden (siehe Seite 20).
4. Hintereinander auf einen Spieß stecken und mit den Haltern befestigen.
5. Im vorgeheizten Grill über einer Fettpfanne ca. 20 Minuten grillen.
6. Dabei immer wieder mit einer Mischung aus Öl, Madeira und Balsamessig bestreichen.

Pro Person:
Kalorien (kcal) 625
Eiweiß (g) 75
Fett (g) 28
Kohlenhydrate (g) 3

TAUBEN VOM GRILL

Für 4 Personen
Zubereitungszeit: 30 Minuten

4 Tauben
Salz
frisch gemahlener Pfeffer
1 TL gerebelter Thymian
einige Rosmarinnadeln
1 Knoblauchzehe
3 EL flüssige Butter
2 EL Rotwein

1. Die Tauben waschen und entlang des Rückgrats mit der Geflügelschere durchschneiden, auseinanderklappen und flachklopfen.
2. Salz, Pfeffer, Thymian, kleingehackte Rosmarinnadeln und die zerdrückte Knoblauchzehe mit der flüssigen Butter und dem Rotwein vermischen.
3. Die Tauben von allen Seiten damit bepinseln.
4. Auf einen Grillrost legen und über einer Fettpfanne im vorgeheizten Grill in etwa 25 bis 30 Minuten knusprig braten.
5. Zwischendurch wenden und immer wieder mit der restlichen Marinade bestreichen.

Pro Person:
Kalorien (kcal) 483
Eiweiß (g) 63
Fett (g) 22
Kohlenhydrate (g) 0

GEGRILLTE ENTE

Für 4 Personen
Zubereitungszeit:
1 Stunde 15 Minuten

1 junge Ente (1,8 kg)
Salz
frisch gemahlener Pfeffer
4 Frühlingszwiebeln
1 Apfel
2 EL Orangensaft
2 EL Fino-Sherry
1 EL Honig
2 EL Sojasauce
Cayennepfeffer

1. Ente waschen, trockentupfen und mit Salz und Pfeffer einreiben. Die Haut mit einem Holzspieß rundherum einstechen.

2. Zwiebeln putzen und in Scheiben schneiden. Den Apfel schälen, entkernen und achteln. Apfelstücke und Zwiebeln in die Bauchhöhle füllen, zunähen und auf den Bratspieß stecken.

3. Orangensaft, Sherry, Honig, Sojasauce und Cayennepfeffer verrühren und die Ente damit bestreichen.

4. Im vorgeheizten Grill in 60 bis 70 Minuten goldbraun und knusprig braten, dabei immer wieder mit Marinade bepinseln.

Pro Person:
Kalorien (kcal) 1020
Eiweiß (g) 73
Fett (g) 69
Kohlenhydrate (g) 10

PUTENROLLBRATEN AM SPIESS

Für 6 Personen
Zubereitungszeit:
1 Stunde 15 Minuten

1 kg fertiger Putenrollbraten
Salz
frisch gemahlener Pfeffer
2 EL Tomatenketchup
1 EL scharfer Senf
2 EL Keimöl
2 gehackte Knoblauchzehen
1 TL Paprikapulver, edelsüß

1. Den Putenrollbraten (oder einen selbstgefüllten Rollbraten von Seite 123) salzen und pfeffern. Auf einen Drehspieß stecken und mit den Haltern gut befestigen.

2. Aus Ketchup, Senf, Öl, Knoblauch und Paprika eine Marinade rühren und das Fleisch damit einstreichen.

3. Im vorgeheizten Grill in etwa 60 bis 70 Minuten goldbraun braten, dabei immer wieder mit der Marinade bestreichen.

Pro Person:
Kalorien (kcal) 262
Eiweiß (g) 35
Fett (g) 11
Kohlenhydrate (g) 1

HÄHNCHEN AUF TANDOORI ART

Der »Tandoor« ist ein brunnenartiger Erdofen aus Lehm, der mit Holzkohle beheizt wird. In seiner Heimat Indien werden darin viele Köstlichkeiten zubereitet, die danach ihren Namen erhalten haben und phantastisch schmecken. Das folgende Rezept wurde dem Originalrezept nachempfunden, noch ähnlicher ist allerdings die Zubereitung auf dem Holzkohlengrill.

Für 4 Personen
Zubereitungszeit: 25 Minuten
Marinierzeit: ca. 8 Stunden

- 2 Hähnchen (je 1kg)
- 1 TL Salz
- Saft von1 Zitrone
- 300 g Vollmilchjoghurt
- 3 bis 4 Knoblauchzehen
- 2 cm frische Ingwerwurzel
- 1 Msp Cayennepfeffer
- 1 Msp gemahlener Koriander
- frisch gemahlener Pfeffer
- 4 bis 5 EL flüssige Butter
- 2 große Tomaten
- 1 Zitrone
- 8 Frühlingszwiebeln

1. Jedes Hähnchen mit einer Geflügelschere in 4 Teile schneiden.
2. Mit einem scharfen Messer die Haut ein wenig einritzen und mit Salz und Zitronensaft einreiben.
3. Den Joghurt in einer großen Schüssel glattrühren. Den Knoblauch schälen und fein hacken, die Ingwerwurzel schälen und fein reiben.
4. Knoblauch und Ingwer mit den Gewürzen unter den glattgerührten Joghurt mischen.
5. Die Geflügelteile mit der Mischung einreiben und zugedeckt in der Schüssel im Kühlschrank einige Stunden, am besten über Nacht, marinieren lassen.
6. Am nächsten Tag den Grill vorheizen.
7. Die Hähnchenviertel auf einen Spieß stecken und in etwa 20 bis 25 Minuten goldbraun grillen. Zwischendurch mit Butter bestreichen.
(Man kann die Teile aber auch mit der Hautseite nach unten auf den Grillrost legen, mit einer Fettpfanne in den Ofen schieben und 10 Minuten grillen. Dann wenden und in weiteren 15 bis 20 Minuten fertiggaren. Ebenfalls immer wieder mit Butter bestreichen.)
8. Gewaschene Tomaten und die Zitrone in Achtel schneiden. Die Frühlingszwiebeln putzen, waschen und der Länge nach halbieren. Im vorderen Teil fein einschneiden, aber nicht durchschneiden. Die Hähnchenteile damit garnieren.

Pro Person:
Kalorien (kcal) 770
Eiweiß (g) 94
Fett (g) 34
Kohlenhydrate (g) 9

Dazu passen grüner Salat und eine scharfe indische Sauce.

HÄHNCHEN NACH TERIYAKI ART

Diese japanische Zubereitungsart eignet sich nicht nur für ganze und halbierte Hähnchen, sondern vorzüglich auch für Hähnchenbrustfilets. Wichtig ist, daß das Fleisch vorher ausreichend lange mariniert wurde und dann während des Grillens immer wieder mit der Marinade bestrichen wird.

Für 4 Personen
Zubereitungszeit: 40 Minuten
Marinierzeit: 12 Stunden

- 2 Hähnchen (je 1 kg)
- 6 EL Erdnußöl
- 6 EL Sojasauce
- 3 EL Fino-Sherry
- 2 Knoblauchzehen
- 1 EL geriebene Tangerinenschale (ersatzweise Orangenschale)
- 1 TL frisch geriebene Ingwerwurzel

1. Die Hähnchen waschen, trockentupfen und halbieren.
2. Die restlichen Zutaten zu einer Marinade verquirlen.
3. Die Hähnchenhälften nebeneinander auf eine Platte legen. Dann mit der Marinade begießen und zugedeckt 12 Stunden marinieren, dabei die Teile gelegentlich wenden.
4. Am nächsten Tag den Grill vorheizen.
5. Die Geflügelhälften mit der Hautseite nach unten auf einen Grillrost legen. Mit einer Fettpfanne so in den Ofen schieben, daß der Abstand zur Heizquelle mindestens 15 cm beträgt. (Die Teile bräunen sonst zu rasch und werden dabei nicht gar.)
6. Nach 15 Minuten wenden, erneut mit der Marinade bestreichen und in weiteren 20 bis 25 Minuten braun und knusprig braten. Zwischendurch immer wieder mit der Marinade bestreichen.
7. Den abgetropften Bratensaft vor dem Servieren über die Hähnchenhälften verteilen.
8. Als Beilage Julienne von Stangensellerie servieren.

Pro Person:
Kalorien (kcal) 673
Eiweiß (g) 89
Fett (g) 30
Kohlenhydrate (g) 0

Es gibt drei verschiedene Sojasaucen:
- Die helle Sojasauce, mild und aromatisch, wird in asiatischen Ländern bevorzugt für Geflügel verwendet.
- Die dunkle Sojasauce hat einen kräftigen Geschmack und ist mit Zuckercouleur gefärbt. Man verwendet sie für herzhafte Gerichte oder wenn Farbe gewünscht wird – wie in diesem Rezept.
- Die süße Sojasauce wird überwiegend in der indonesischen Küche verwendet.

MARINIERTE HÜHNERFLÜGEL

Die auf diese Weise zubereiteten Hühnerteile sind die idealen Happen für eine Steh-Party. Das feine Fleisch kann sofort in den Mund geschoben werden. Die hervorragende Idee stammt aus Indien.

Für 4 Personen
Zubereitungszeit: 45 Minuten
Marinierzeit: 4 Stunden

- 24 Hähnchenflügel
- 150 g Vollmilchjoghurt
- 2 EL Erdnußöl
- 3 bis 4 Knoblauchzehen
- 1 Chilischote
- 1 EL Currypulver
- Salz
- frisch gemahlener Pfeffer
- 2 EL Zitronensaft

1. Die Hähnchenflügel waschen und trockentupfen. Die unteren Flügelspitzen abschneiden. Die Haut am größeren Gelenk einschneiden und den Knochen zur Mitte hin durch das Fleisch drücken.

2. Joghurt und Öl glattrühren. Knoblauchzehen schälen und mit der Chilischote sehr fein hacken. Unter den Joghurt mischen und mit Curry, Salz, Pfeffer und Zitronensaft würzen.

3. Die vorbereiteten Flügel mit der Marinade begießen und zugedeckt mindestens 4 Stunden marinieren.

4. Den Grill vorheizen. Die Flügel nebeneinander auf einen Grillrost legen und mit einer Fettpfanne in den Ofen schieben. In 15 Minuten goldbraun braten. Nach der Hälfte der Garzeit wenden und mit Marinade bestreichen.

5. Man kann die Flügel auch auf einen Spieß stecken und ebenfalls etwa 15 Minuten grillen. Zum besseren Anfassen kann man die Knochen mit Alufolie umwickeln.

6. Mit Fladenbrot, Salat und mehreren würzig-scharfen Saucen servieren.

Pro Person:
Kalorien (kcal) 450
Eiweiß (g) 64
Fett (g) 17
Kohlenhydrate (g) 2

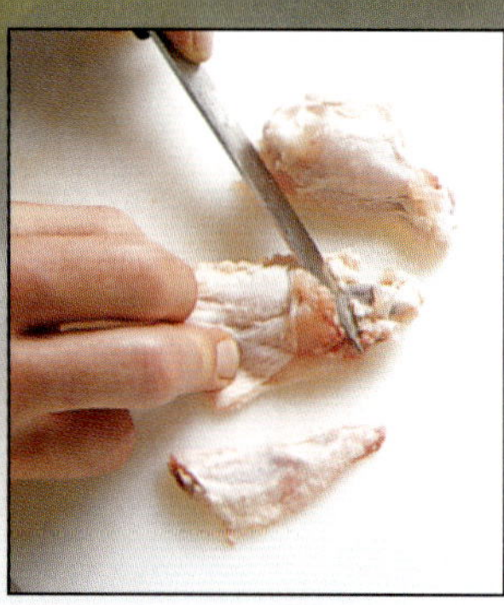

Flügel vorbereiten
Untere Flügelspitze abschneiden. Die Haut am größeren Gelenk einschneiden. Die Sehnen rundherum vorsichtig durchtrennen und das Fleisch am Knochen etwas lösen.

Knochen auslösen
Diesen Knochen vom kleineren Gelenk zur Mitte hin mit den Daumen durch das Fleisch drücken, sodaß sich das Fleisch »umstülpt«. Dann das sehnige Ende abschneiden.

Flügel marinieren
Joghurt und Öl verrühren. Feingehackte Knoblauchzehe, Chilischote und Gewürze dazugeben. Die Flügel mit der Marinade bedecken und ca. 4 Stunden ziehen lassen.

 Hähnchenflügel gibt es im Supermarkt und in Geflügelgeschäften frisch und tiefgekühlt.

HÄHNCHEN-SATÉ

Für 4 Personen
Zubereitungszeit: 30 Minuten
Marinierzeit: ca. 1 Stunde

- 4 Hähnchenbrustfilets (je 150 g)
- 2 gehackte Knoblauchzehen
- 1 EL Zwiebelwürfel
- etwas gemahlenes Zitronengras
- je 1 Msp Anis, Kreuzkümmel und Koriander
- 2 EL helle Sojasauce
- 4 EL Kokosmilch
- 2 EL Keimöl
- Salz
- frisch gemahlener Pfeffer

1. Das Hähnchenbrustfilet der Länge nach in 2 cm breite Streifen schneiden.
2. Die übrigen Zutaten verrühren und die Fleischstreifen darin mindestens 1 Stunde marinieren.
3. Die abgetropften Fleischstreifen nacheinander wellenförmig auf 8 Holzspießen verteilen.
4. Auf einen Rost legen und unter dem vorgeheizten Grill etwa 10 bis 15 Minuten grillen. Zwischendurch immer wieder mit der Marinade bestreichen.

Pro Person:
Kalorien (kcal) 250
Eiweiß (g) 31
Fett (g) 12
Kohlenhydrate (g) 0

FEURIGE HÄHNCHENKEULEN

Für 4 Personen
Zubereitungszeit: 40 Minuten
Marinierzeit: ca. 1 Stunde

- 8 Hähnchenkeulen
- 4 EL Chilisauce
- 2 feingehackte Knoblauchzehen
- 1 EL Aceto Balsamico
- 1 EL dünnflüssiger Honig
- Salz
- frisch gemahlener Pfeffer
- 2 EL Keimöl

1. Hähnchenkeulen auslösen (siehe Seite 21), waschen und trockentupfen.
2. Die übrigen Zutaten verrühren. Das Fleisch damit bestreichen und etwa 1 Stunde marinieren.
3. Nebeneinander auf einen Rost legen und unter dem vorgeheizten Grill etwa 15 Minuten grillen.
4. Das Fleisch wenden und in weiteren 15 Minuten knusprig grillen.

Pro Person:
Kalorien (kcal) 475
Eiweiß (g) 63
Fett (g) 19
Kohlenhydrate (g) 4

KÜCHENLEXIKON

Ablöschen (Deglacieren): Angebratenes Fleisch, geröstetes Gemüse, aber auch Bratensatz oder Mehlschwitze mit Flüssigkeit, z. B. Brühe oder Wein, begießen und weiterkochen bzw. schmoren.

Aceto Balsamico (ital): Berühmter Balsamessig aus Modena, der über Jahrzehnte in alten Weinfässern heranreift. Dabei bekommt er eine braune Farbe, verliert jede aggressive Schärfe und entwickelt ein volles, würziges Aroma. Im Handel wird meist ein Verschnitt angeboten.

Amontillado-Sherry: Weiterentwicklung des Fino-Sherrys, etwas dunkler und vollmundiger im Geschmack, bernsteinfarben, wird bei Zimmertemperatur getrunken.

Arborioreis: Neben Vialonereis der bekannteste klassische Risottoreis. Dickliche, große Körner, die breiartig verkochen, aber dennoch ihren Biß behalten.

Backen: Garen und Bräunen in heißer Luft.

Bardieren: Das Bratgut mit dünnen, fetten Speckscheiben umbinden und braten, damit ein Austrocknen verhindert wird. Kurz vor Schluß den Speck abnehmen und das Bratgut bräunen lassen.

Batate: Süßkartoffel; stärkereiche Knolle eines Windengewächses, in Afrika, USA und Südasien angebaut; sie wird zubereitet wie Kartoffeln und auch an ihrer Stelle gegessen.

Blanchieren: Lebensmittel kurz in Salzwasser ankochen oder vor dem Weiterverarbeiten mit heißem Wasser übergießen, danach evtl. in kaltem Wasser abschrecken.

Brät: Pürierte, pikant gewürzte Rohmasse aus Rind-, Kalb- und Schweinefleisch für Würste, Klöße und Farcen.

Braten: Garen und Bräunen in heißem Fett im offenen Topf.

Calvados: Französischer Apfelbranntwein aus der Normandie, wird manchmal doppelt gebrannt wie ein Cognac; lagert 6 Jahre in Eichenfässern und entfaltet erst nach dieser Zeit der Reife seine volle Qualität. Alkoholgehalt 38 bis 50 Vol.%.

Cassoulet: Aus der Gascogne stammender französischer Eintopf aus weißen Bohnen mit Schweinefleisch, Gans oder Ente, Speck, Brühwurst und Kräutern, stets im Ofen gebacken.

Cilantro: Frisches Koriandergrün einer einjährige Doldenpflanze mit pfefferkornähnlichen Früchten, die einen aromatischen, süßlichen Geruch und Geschmack besitzen. Das Grün gehört in viele exotische Gerichte.

Croûtons: In Form geschnittene und in Butter geröstete Weißbrotscheiben, z. B. Brotwürfel oder ausgehöhlte dickere Brotscheiben zum Füllen.

Curry: Indische Gewürzmischung aus mindestens 12 feingemahlenen Ingredienzien. Auch: Bezeichnung für ostasiatische, mit Curry gewürzte Gerichte.

Dämpfen: Garen in Wasserdampf in einem geschlossenen Topf mit besonderem Sieb- oder Gittereinsatz.

Dijon-Senf: Scharfer französischer Senf aus nicht entölten schwarzen oder braunen Senfkörnern.

Dressieren: Anbinden der Schenkel und Flügel an den Körper von Geflügel vor dem Braten bzw. Grillen und so in eine gefällige Form bringen. Ein Herausquellen der Füllung wird verhindert.

Dünsten: Garen in wenig Flüssigkeit, Fett oder im eigenen Saft bei geringer Temperatur.

Entfetten: Abschöpfen einer Fettschicht von Brühen, Saucen, Fonds. Die Flüssigkeit abkühlen lassen, das erstarrte Fett kann dann abgenommen werden. Oder: Das Fett bei heißer Flüssigkeit mit einem großen Löffel oder Küchenpapier abnehmen.

Essenz: Stark eingekochte Brühe, konzentrierter Fond aus Fleisch oder Fisch, Geflügel, Wild, Champignons bzw. Trüffeln.

Farce: Fleisch, Fisch, Krustentiere, Gemüse usw. feingehackt, durch den Wolf gedreht oder püriert, mit Rahm und Eiern gebunden und mit Butter sowie Gewürzen verfeinert. Sie kann mit Weißbrot gelockert werden und dient zum Füllen von Pasteten, Fleisch und Geflügel.

Filetieren, auch filieren: Filets aus Knochen und Gräten lösen. Auch: Die Segmente von Zitrusfrüchten aus den Trennhäuten lösen.

Foie gras (Stopfleber): Leber von besonders gemästeten Gänsen (auch Enten), die dadurch entsprechend groß und fettreich wird. Gilt als besondere Delikatesse, zusammen mit Trüffeln in der Gänseleberpastete.

Fond: Konzentrat mit allen Geschmacksstoffen, das beim Kochen, Dünsten und Braten der Speisen gewonnen wird. Basis einer jeden guten Sauce.

Fritieren: In 180° C heißem Fett schwimmend ausbacken bzw. bräunen.

Glasieren: Dem Gericht wird eine glänzende Oberfläche gegeben. Fleisch, Wild und Fisch werden mit Glace bestrichen bzw. mit dem eigenen Fett übergossen. Gebäck und Torten werden mit Aprikosenmarmelade überzogen.

Gratinieren: Überbacken bei starker Oberhitze, bis eine braune Kruste entstanden ist.

Grillen: Garen mit oder ohne Fettzugabe durch Strahlungshitze oder Kontakthitze.

Keimöl: Ein hochwertiges, geschmacksneutrales Keimöl wie z.B. Mazola ist in der leichten Geflügelküche zum Braten, Dünsten und Backen, aber auch für Salate zu

empfehlen. Mazola Keimöl hat einen hohen Gehalt an Pflanzenkeimwirkstoffen, insbesondere die mehrfach ungesättigte Linolsäure und Vitamin E. Es ist cholesterinfrei und gut bekömmlich. Um die wertvollen Inhaltsstoffe zu schützen, wird Keimöl mit größter Sorgfalt gewonnen, d.h. aus frischen Keimen des Korns gepreßt und schonend gereinigt. Nach dem Abfüllen wird aus dem Kopfraum der Flasche der Sauerstoff entzogen und die Flasche ist gasdicht verschlossen.

Klären: Flüssigkeiten von allen Trübstoffen befreien. Dazu Eiweiß vom Hühnerei in die heiße Flüssigkeit einrühren, damit das gerinnende Eiklar alle Partikel bindet und sich an der Oberfläche absetzt. Abschöpfen und die noch heiße Flüssigkeit durch ein Tuch seihen.

Kochen: Garen in reichlich siedender Flüssigkeit.

Kurkuma: Zur Familie der Ingwergewächse zählende Pflanze aus Ostasien, deren Wurzel zermahlen als Würze dient. Das lichtempfindliche, gelbe Pulver ist scharf, doch sehr aromatisch. Es ist wichtiger Bestandteil des Currypulvers.

Lardieren: Mageres Fleisch im Gewebe in Faserrichtung mit Speckstreifen marmorieren; die Streifenenden bleiben nicht an der Oberfläche.

Pfannenrühren: Technik in der chinesischen Küche. In feine Streifen oder Würfel geschnittene Zutaten werden im Wok bei sehr starker Hitze in Öl portionsweise schnell angebraten bzw. gerührt. Dadurch schließen sich die Poren der Zutaten rasch. Aroma, Farbe und Saft bleiben erhalten.

Pochieren (Garziehen): Garen knapp unter dem Siedepunkt, besonders bei sensiblem Kochgut wie Fisch, Bries, Austern, Eier, Geflügel, usw.

Reduzieren: Einkochen, verringern einer Flüssigkeitsmenge durch leichtes Kochen lassen.

Sambal (indones.): Küchenfertige Würzpaste, sehr scharf, die den Gerichten eine pikante Note gibt; wird auch zur indonesischen Reistafel gereicht. Als Sambal Badjak (mit Crevettenpaste), Sambal Oelek (scharf), Sambal Manis (süßlich) usw. im Handel erhältlich.

Sautieren: In einer Stielkasserolle kleine, flachgeschnittene Scheiben von Fleisch, Wild, Geflügel und Fisch unter Schwenken rasch anbraten. Auch Gemüse schwenkt man so in Fett.

Schmoren: Anbraten und Bräunen in heißem Fett, Weitergaren nach der Zugabe von wenig kochender Flüssigkeit im geschlossenen Topf.

Saucen binden: Das Binden von Saucen kann auf verschiedene Arten erfolgen, z. B. mit Mehl oder Speisestärke. Moderner und einfacher ist das Binden mit Mondamin Fix–Soßenbinder. Dieses Saucenbindemittel auf der Basis von Stärke und Reismehl bindet verzögert: Diese Stärke quillt und verkleistert langsamer als reine Speisestärke oder Mehl. Deshalb kann Fix–Soßenbinder als trockenes Produkt – ohne Anrühren – direkt in die kochende Flüssigkeit eingestreut werden, ohne daß Klümpchen entstehen. Kochzeit: 1 Minute.

Speisestärke: Feine Speisestärke, z. B. Mondamin, wird gerne in der chinesischen Geflügelküche zum Marinieren eingesetzt, da sie im Gegensatz zu Mehl geschmacksneutral ist und der Speise den Eigengeschmack beläßt. Verrührt mit Sojasauce, Sherry oder Öl überzieht sie das Fleisch wie einen feinen Film und es bleibt zart und saftig. Ansonsten wird Speisestärke vorwiegend zum Backen verwendet, indem ein Teil des Mehls bei Rührteig, Biskuitteig, Sand- oder Mürbeteig durch Speisestärke ersetzt wird. Hierdurch erreicht man eine lockere und feinporige Krume, und der Kuchen wird zart und sandig-mürb. Da reine Maisstärke – wie Mondamin – den besten Puddingeffekt erzielt, ist sie der wichtigste und dabei auch geeignetste Rohstoff für Flammeris bzw. sturzfähige Puddinge, wird aber auch zum Binden von Süßspeisen, Desserts und Fruchtsaucen verwendet.

ALPHABETISCHES REZEPTREGISTER

SACHREGISTER

GEFLÜGEL AUS DEM SCHMORTOPF

GEFLÜGEL AUS DEM BACKOFEN

GEFLÜGEL VOM GRILL

Pete A. und Susi Eising betreiben seit 1979 gemeinsam ein Fotostudio in München. Seit vielen Jahren haben sie sich auf das Gebiet Essen und Trinken spezialisiert und zählen heute zu den führenden Foodfotografen Deutschlands.

Monika Kellermann ist Ernährungsberaterin und arbeitet seit Jahren als freie Foodjournalistin und Buchautorin. Sie verfaßte für die »Reihe mit dem Löffel« bereits die Bücher GEMÜSE und VORSPEISEN. Monika Kellermann lebt bei München.